Motorrad
Guide & Roadbook

Die schönsten
Routen auf
Mallorca

Herta und Reinhard Jarczok

W0230811

Bruckmann

Eine Produktion des Bruckmann-Teams, München
Umschlaggestaltung: Studio Schübel, Werbeagentur GmbH, München
Lektorat: Dr. Renate Dernedde
Kartografie: Elsner & Schichor, Karlsruhe
Layout und Satz: EDV-Fotosatz Huber/
Verlagsservice G. Pfeifer, Germering

Umschlagvorderseite: © Magazin

Die Abbildungen im Innenteil von Herta und Reinhard Jarczok; außer:
S. 1, 4, 6, 9, 14/15, 19, 24, 27, 28, 30, 32/33, 34, 35, 38, 48, 54, 55, 62,
63, 70/71, 72, 86, 92, 95, 98, 103, 108/109, 110, 112:
Anton Sacher/Ilona Neumann, München

Alle Angaben dieses Werkes wurden von den Autoren sorgfältig recher-
chiert und auf den aktuellen Stand gebracht sowie vom Verlag auf
Stimmigkeit geprüft. Für die Richtigkeit der Angaben kann jedoch
keine Haftung übernommen werden. Für Hinweise und Anregungen
sind wir jederzeit dankbar. Bitte richten Sie diese an den Bruckmann
Verlag, Lektorat, Nymphenburger Str. 86, 80636 München.

Gedruckt auf chlorfrei gebleichtem Papier

Die Deutsche Bibliothek – CIP Einheitsaufnahme
Ein Titeldatensatz für diese Publikation ist bei
Der Deutschen Bibliothek erhältlich

Gesamtverzeichnis gratis:
Bruckmann Verlag, Nymphenburger Str. 86, 80636 München
Internet: www.bruckmann.de

Inhalt

Einführung

Touren

Serra de Tramuntana

Inselebene es Pla

ROUTEN AUF MALLORCA

3

Fahren mit Roadbook

Damit Sie die schönsten Touren ungehindert genießen können, erhalten Sie von uns das Roadbook zum schnellen Überblick zum Mitnehmen.

Mit Hilfe der Wegbeschreibungen und Kurzinfos erfahren Sie kurz und knapp, welche Abzweigungen Sie nehmen müssen und welche Attraktionen Sie am Straßenrand erwarten.

Am Anfang erhalten Sie einen kurzen Überblick über die Region und über den Routenverlauf. Das Roadbook selbst ist in übersichtliche Spalten aufgeteilt mit folgenden Informationen:

Die Kennzeichnungen **Nr./km** zählen die Kreuzungen und deren jeweilige Entfernungen zwischen den einzelnen Roadbook-Positionen auf.

Straße bezeichnet die Strecke mit der offiziellen inländischen Bezeichnung, auf der Sie sich befinden.

Position nennt die Ortschaft oder den Ort, an dem Sie sich gerade befinden.

Die Spalte **Richtung** weist darauf hin, welche Richtung Sie einschlagen müssen, um in einen Ort zu gelangen.

Piktogramme geben Ihnen genaue Anweisungen, welchen Abzweigungen Sie an den Kreuzungen folgen sollten.

Weitere Piktogramme finden Sie in der Spalte **Information**. Hier werden Sie auf besondere Sehenswürdigkeiten oder Übernachtungsmöglichkeiten hingewiesen.

Die Roadbooks finden Sie ab Seite 121.

Die einzelnen Piktogramme:

✪	Sehenswert	✖	Bikerfreundliche Gaststätte
⛪	Kirche	T	Tankstelle
🏰	Schloss	≋	Badestrand
🏛	Museum	P	Parkplatz
❋	Aussicht rundum	⛺	Campingplatz
◪	Aussicht halb	A	Alternative, Abstecher
!	Achtung	⛴	Fähre/Schiff
☾	Hotel/Übernachtung	i	Info

Mallorca – Motorradland

Unter den Reisezielen Europas erfreut sich Mallorca einer unerschütterlichen Beliebtheit, und das nicht erst seit gestern. Bereits vor beinahe 160 Jahren verbrachte die französische Schriftstellerin George Sand zusammen mit dem berühmten Komponisten Frédéric Chopin den Winter in der romantischen Kartause von Valldemossa. Schon damals wusste man das angenehme Klima dieser Baleareninsel zu schätzen, und daran hat sich bis heute nichts geändert. Wenn es in heimischen Breitengraden so richtig trist ist, tauchen auf Mallorca die Blüten von Millionen Mandelbäumen die Insel in ein weiß-rosa Farbenmeer. Nur selten fällt das Thermometer unter milde 12 Grad Celsius. Und im Sommer lacht die Sonne strahlend vom tiefblauen Himmel.

Wer Jubel, Trubel und Heiterkeit sucht, ist auf Mallorca am richtigen Ort. Auch Wassersport wird groß geschrieben – ob Segeln, Windsurfen oder Tauchen. An den endlosen Stränden mit ihrem türkisblauen Wasser gibt es viele Möglichkeiten, die unterschiedlichsten Sportarten auszuprobiern.

Doch Mallorca besitzt auch eine andere Seite: einsame Buchten, kristallklares Wasser, alte romantische Bauernhöfe, verträumte Dörfer, kurzum eine zauberhafte Landschaft. Küsten und Landesinnere laden zu ausgedehnten Spazierfahrten ein. Motorradtouren entlang einsamer Landstraßen garantieren einen hautnahen Kontakt zu der Insel und ihren Menschen. Auf diese Weise lässt sich viel Neues und Liebenswertes entdecken.

Blick vom Mirador de ses Ànimes

Was immer man auch bevorzugt – Mallorca ist eine Insel mit vielen Gesichtern, die für jeden etwas zu bieten hat.

Wissenswertes von A bis Z

Apotheke
Leicht zu erkennen am Schriftzug »Farmácia« und am grünen Kreuz. Die Apotheken sind während der normalen Geschäftszeiten geöffnet. Nach Geschäftsschluss weist ein Aushang auf die nächste Notfall-Apotheke hin. Nachtdienste oder 24-Std.-Service stehen in den lokalen Tageszeitungen.

Anreise
Deutsche Staatsbürger benötigen für einen Aufenthalt bis zu drei Monaten einen gültigen Personalausweis oder Reisepass, Österreicher und Schweizer können mit der nationalen Identitätskarte einreisen. Alle Ausweispapiere müssen über die Aufenthaltsdauer hinaus gültig sein. Über die Bestimmungen für einen längeren Aufenthalt informieren die konsularischen Vertretungen Spaniens.

ANREISE

Aus Deutschland fährt man am einfachsten die Route München, Innsbruck, Brenner und Bozen, um an den Gardasee zu gelangen. Hier wählt man im Norden des Sees die Abfahrt Rovereto-Süd/Lago di Garda-Nord und im Süden die Abfahrt Affi/Lago di Garda-Süd. Alternativ kann man auch über Karlsruhe, Basel, Luzern, Lugano, Como, Milano und Brescia anreisen.

Ärztliche Versorgung
Alle Ferienorte verfügen über Ärztezentren (Centros Medicos), in denen auch Englisch oder Deutsch gesprochen wird. Kostenlos behandelt der spanische Kassenarzt und das staatliche Krankenhaus gegen Vorlage des Auslandskrankenscheins (E-111) der deutschen Krankenkasse bzw. des Urlaubskrankenscheins der Gebietskrankenkasse. Oft sind für verschiedene Behandlungsschritte mehrere Scheine nötig, Kopien werden in der Regel akzeptiert. Die staatlichen Krankenhäuser: »Son Dureta« in Palma, Cl. Andrea Doria, 55, Tel. 971 175 000, und Hospital Manacor in Manacor, Ctra. Manacor/Alcùdia Tel. 971 847 000, führen auch ambulante Behandlungen durch. Privatärzte, Ärztezentren und Privatkliniken helfen meist schneller und führen auf Wunsch auch Hotelbesuche durch,

rechnen aber direkt bar ab (Minimum: 7.000 bis 8.500 Ptas.). Gesetzliche Kranken- und Ersatzkassen erstatten nicht alle Auslagen. Für Schweizer Gäste gilt: als Inhaber einer Privaten-, einer Reisekranken- oder einer Reisezwischenfallversicherung zwecks Kostenrückerstattung eine detaillierte Quittung ausstellen lassen. Je nach Deckungsumfang können Sie eine Kostengutsprache bzw. einen Kostenvorschuss verlangen.

Auskunft

Allgemeine Auskünfte geben auch die offiziellen Tourismus-Büros (Oficina de Información Turística). Das Hauptbüro ist in Palma, Plaça de la Reina, Tel. 971 712 216 (auch deutschsprachig). Weitere Telefonnummern finden Sie im Teil »Kurz & Bündig«.

Bahn

Je eine Bahnlinie verbindet Palma mit Sóller bzw. Palma mit Inca. Beeindruckender ist in jedem Fall die Nostalgiefahrt mit der antiken Bummelbahn nach Sóller (Siemens-Schuckert 1917, Abfahrtzeiten: siehe Tabelle. Abfahrt für alle Bahnlinien in Palma: Plaça d'Espanya. Tickets müssen Sie vor der Fahrt am Schalter lösen. Für die Fahrt Palma – Sóller, neben dem Kino Augusta, für die Fahrt Palma – Inca, in der Platzmitte (neben Busbahnhof).

Fahrplan »Ferrocarril de Sóller«

Abfahrt

November bis April

Soller	8.00 Uhr	9.15 Uhr		11.50 Uhr	14.10 Uhr	18.30 Uhr	
Palma	8.00 Uhr	10.40 Uhr (T)		13.00 Uhr	15.15 Uhr	19.45 Uhr	

Mai, Juni, Oktober

Soller	8.00 Uhr	9.15 Uhr		11.50 Uhr	14.10 Uhr	19.00 Uhr	19.35 Uhr*
Palma	8.00 Uhr	10.40 Uhr (T)		13.00 Uhr	15.15 Uhr	20.05 Uhr	

Juli, August, September

Soller	8.00 Uhr	9.15 Uhr		11.50 Uhr	14.10 Uhr	19.00 Uhr	19.35 Uhr*
Palma	8.00 Uhr	10.40 Uhr (T)		13.00 Uhr	15.15 Uhr	20.05 Uhr	

* Samstag, Sonntag, Feiertag
(T) Mit touristischem Halt (Panoramaaussicht)

Banken

Banken (banco) und Sparkassen (z. B. sa Nostra oder la Caixa) öffnen nur vormittags (9–13.30 Uhr), Wechselstuben oft auch nachmittags und an den Wochenenden. Viele Banken und Kassen verfügen im Eingangsbereich über Sparkassenautomaten, die rund um die Uhr in Betrieb sind (Höchstbetrag: 40.000 Ptas.). Die Akzeptanz von Euroschecks (Höchstbetrag: 25.000 Ptas., mit Ausweis!) nimmt dagegen ab, sie werden nicht mehr in allen Geldinstituten eingelöst.

Cala Murada

Catalá, Landessprache

Auch wenn fast alle Einheimischen spanisch (Castellano) verstehen und sprechen, ist die traditionelle Landessprache »Mallorquí«, ein Dialekt der katalanischen Sprache. Immer weniger Orts- und Hinweisschilder sind zweisprachig.

Devisenbestimmungen

Spanisches Geld und Fremdwährungen dürfen uneinge-schränkt ein- und bis zu einer Höchstgrenze von 1 Million Ptas. wieder ausgeführt werden. Für die Ausfuhr von höheren Summen wird eine Einfuhrdeklaration verlangt.

Elektrizität

220 Volt, nur vereinzelt 125 Volt. Selten ist ein Adapterstecker (Adaptator) nötig, den man in jedem Supermarkt oder Elektro-geschäft bekommt.

Essen und Trinken

Noch bis zur Jahrhundertwende bearbeiteten die Mehrzahl der Mallorquiner die Felder oder befuhren als Fischer die See. Entsprechend reich an Feld- und Meeresfrüchten wurde nach dem harten Tagwerk aufgetragen. Deftige Hausmannskost, die auf Olivenöl und Schweineschmalz-Basis verbrauchte Energien für den nächsten Arbeitstag ersetzen musste.

Vor allem kräftige Eintopfgerichte und Suppen werden auch heute wieder auf dem mallorquinischen Speiseplan kulti-viert; Ausdruck eines wachsenden regionalen Selbstbewusst-seins und steigender Nachfrage von Seiten der Inselgäste, die nach mehr kulinarischer Abwechslung verlangen. Eisbein mit Sauerkraut ist zwar noch in fast jedem Ferienort zu finden, aber völlig »out«. Als echter Insel-Genießer labt man sich an »Sopes mallorquines«, einem Eintopf (nur echt aus der Ton-schüssel »greixonera«), der Kohl, Lamm- oder Schweine-fleisch, Wurst, Gemüse und feine, getrocknete Brotscheiben beinhaltet, oder an »schmutzigem Reis« (arròs brut), einer Mischung aus Gemüse, Kaninchen-, Geflügel- und Schweine-fleisch, mallorquinischer Blut- und Streichwurst (botifarro und sobrassada), »verschmutzt« durch färbenden Safran und pikantem, rotem Paprika.

Fischfreunde kommen bei einer »caldereta de peix« auf ihre Kosten. Wieder dient als Basis getrocknetes, fein geschnit-tenes Brot, getränkt in einem Sud, dem diesmal Suppenfisch (bis zu sieben oder acht verschiedene Sorten) und Zwiebeln ihre ganz persönliche Note geben. Zu den exotischen aber über Generationen erprobten und ständig verfeinerten Insel-

Rezepten zählen auch Hummer mit Kaninchen (langosta con conill), Schweinefleisch mit Kohl (Lomo con Col) oder das »frit mallorquí«, Kartoffeln, Gemüse und Lamm-, bzw. Schweine-Innereien. Zum kompletten mallorquinischen Menü gehören die Vorspeise, das Hauptgericht (= entrant), der Nachtisch (postres) und der »cortado« danach, ein Espresso mit einem Schuss Milch als Verdauungsunterstützung. Und da wir schon vom Kaffee sprechen, hier ein paar nützliche Vokabeln: cafè ambllet, das ist der Milchkaffee, cafè americano, das ist ein kleiner schwarzer Kaffee und der carajillo, ein cortado mit alkoholischer Ladung (Cognac oder Whiskey).

Übrigens: Wenn sich der Wirt beim Auftragen mit einem herzhaften »Bon Profit« verabschiedet, denkt er nicht bereits an die Ausfertigung einer üppigen Rechnung, sondern wünscht inseltypisch einen »Guten Appetit«. Begleitet wird das Menü immer öfter von einem der meist kräftigen, trockenen Inselweine, vorzugsweise aus dem Raum Binissalem oder Andratx, weniger kultiviert, herzhaft auch aus dem Raum Felanitx.

s'Arracó

Zu den feinen Tischsitten des Landes gehört das artige Warten am Eingang des Lokals, bis der Tisch zugewiesen wird.

Euro

Seit Januar 1999 richtet man sich auch in Spanien auf den Euro ein. In vielen Geschäften sind jeweils zwei Preise ausgezeichnet: Euro und Peseta. Mit dem Euro zahlt man allerdings erst ab Anfang bzw. Mitte des Jahres 2002.

Fernsehen

Via Satellit sind liebe, alte Sehgewohnheiten auch nach Mallorca exportierbar. Die meisten Hotels bieten deutschsprachige Programme von Sat 1 bis RTL.

FKK

An zwei Stränden ist FKK offiziell erlaubt: Teile von es Trenc (der Mittelteil) und Platja de'n Magó (Calvià). Diese Strände sind allerdings nicht abgetrennt. »Oben ohne« hat sich inzwischen an allen Stränden und den meisten Hotelpools durchgesetzt.

Fotos & Video

Tabu sind Polizei und Militär. Preisvergleiche bei Filmmaterial lohnen oft; fast in allen Ferienorten wird Fotoentwicklung innerhalb von 24 Stunden angeboten.

Geld

Geld können Sie in Wechselstuben, bei der Bank und im Hotel umtauschen. Bitte darauf achten, da Wechselkurse und Gebühren unterschiedlich sind. Viele Banken verfügen auch über EC-Automaten zum Abheben von Bargeld. Währungseinheit ist die Peseta, im Umlauf ist nur noch eine Serie. Münzen gibt es im Wert von 1, 5, 10, 25, 50, 100, 200 und 500 Peseten, Scheine im Wert von 1.000, 2.000, 5.000 und 10.000 Peseten (Euro: siehe dort). Kreditkarten akzeptiert man in den meisten Geschäften, Restaurants und Hotels (VISA, seltener: AM, EC, MC und DC). Kreditkarten-Sperre im Notfall: Eurocard: D Tel. 0049-69-79 33 19 10; A Tel. 0043-1-71 70 10; CH Tel. 0041-1-279 65 56; VISA: D/A/CH Tel. 900-99 12 16; TUI-Card (Visa): D/A 0049-69-66 30 57 77; Euroscheckkarte: D Tel. 0049-69-74 09 87

Geschäftszeiten

Reguläre Geschäftszeiten in den Orten und in Palma: 9.00 – 9.30 Uhr bis 13.30 Uhr und 16.00 – 16.30 Uhr bis 20.00 Uhr. Banken sind im Sommer nur vormittags geöffnet. In einigen Ferienorten gibt es Geschäfte mit einem 24-Stunden-Service.

Kartenmaterial

Kompass Wander-, Rad- und Freizeitkarte Nr. 230, Mallorca (1 : 75 000) und Cityplan Palma (1 : 8500), Im Fachhandel oder bei KOMPASS-Karten GmbH, Kaplanstraße 2, A-6063 Rum/Innsbruck, Fax 0043 (0) 512/26 55 61-8

Kleidung

Strandkleidung gehört in den Hotelgarten, an den Swimming-pool oder an den Strand, aber nicht in Ortszentren oder Kirchen. Bei längeren Touren den Sonnenschutz nicht vergessen. Speziell beim Motorradfahren ist es angeraten, festes Schuhwerk anzuziehen, sowie sich mit langer Hose und einer Jacke zu bekleiden. Die Straßen sind teilweise sehr rutschig, vor allem nach einem kurzen Regenschauer. Ausserdem kann es in den Bergen und auf den Hügeln der Inselebene es Pla auch im Sommer empfindlich kühl sein.

Konsulate

Deutsches Konsulat: in Palma de Mallorca, Passeig des Born, 15, 6F (Mo – Fr 9.00 – 12.00 Uhr) Tel. 971 722 997; Österreichisches Konsulat: Palma, Via Sindical, 69, 10. Stock (Mo – Fr 10.00 – 13.00 Uhr) Tel. 971 728 099; Schweizer Generalkonsulat: Barcelona, Gran Via Carlos III, 94 (Ed. Trade), (Mo – Fr 10.00 – 12.30 Uhr), Tel. 933 309 211
Spanische Botschaften: Deutschland: Schloßstraße 4,D-53115 Bonn; Österreich: Argentinierstraße 34, A-1040 Wien, Schweiz: Kalcheggweg 24, CH-3006 Bern.

Maße und Gewichte

Lebensmittel werden nur nach Kilo, nicht nach Pfund abgewogen. Man verlangt deshalb »un kilo«, »medio kilo« oder »un cuarto kilo«. Ansonsten gelten die gleichen Maßeinheiten wie in Deutschland.

Motorrad mieten

Die vielen Verleiher bieten Ihnen gut gepflegte Mietmotorräder und Scooter an, die normalerweise nicht älter als ein Jahr sind. In den Hotels können Sie natürlich Ihr Zweirad direkt buchen. Führerscheine aus Deutschland, Österreich und der Schweiz für Motorrad und PKW werden anerkannt. Mindestalter für das Fahren von Zweirädern: 21 Jahre, bei mindestens zwei Jahren Führerscheinbesitz. Der Mietvertrag ersetzt die Wagenpapiere.

Notfall-Nummern

Notfall allgemein: Tel. 112; Polizei: Tel. 091; Feuerwehr: Tel. 085; Rotes Kreuz: Tel. 971 202 222; Tourismusbüro Palma: Tel. 971 712 216

Polizei

Man unterscheidet zwichen der »Guardia Civil«, deren Beamte man an den grünen Uniformen und den dreieckigen Lackhüten erkennt (vor allem über Land eingesetzt), der »Guardia Civil de Tráfico«, meist in hellgrünen Uniformen, die für den reibungslosen Ablauf des Verkehrs sorgen, aber auch bei einer Geschwindigkeitskontrolle gerne abkassieren, und der »Policia nacional«, die man an den braunen Uniformen erkennt. Sie sind in den Polizeiwachen für Diebstähle und Überfälle verantwortlich. Die Polizeifahrzeuge der Stadtpolizei (Policia municipal) sind blau-weiß, die Beamten tragen blaue Uniformen. Sie sind z.B. für Parksünder zuständig.

Post & Porto

Briefe und Postkarten für ganz Europa mit 70.- Ptas. frankieren (Stand 1. April 2000). Laufzeit innerhalb Europas ca. fünf bis sieben Tage. Für ganz Eilige: nach dem relativ teuren »Postal Expres« (EMS) fragen. Postspar-Abhebungen sind nicht mehr möglich.

Radio

Mallorca 95,8; das Inselradio, tägl. deutsches Programm von 13.00 bis 22.00 Uhr, FM 95,8;
Spanische Sender: Disco-40 Principales, UKW 94.1 MHz; Oldies-Radio 80, UKW 102.3 MHz, Klassik-Radio Nacional, UKW 92.3 MHz.

Souvenirs

Typische Souvenirs sind mundgeblasenes Glas, Kunstperlen, Lederwaren, Keramik und Tontöpfe. Aber auch in dekorative Flaschen gefüllte Kräuterliköre und Ensaïmades sind beliebte Mitbringsel.

Telefon

Telefonieren können Sie von der Telefonzelle aus (Aufschrift Internacional). Viele Telefonzellen arbeiten bereits mit Telefon-

Auf dem Weg in Richtung Santuari de Curra

karten, die man im Tabakwarengeschäft (estanco) im Wert von 1.000 und 2.000 Ptas. erhält. Ein günstigerer regulärer Fernsprechtarif gilt für internationale Gespräche täglich von 22.00 bis 8.00 Uhr und an Sonn- und Feiertagen ganztägig, samstags ab 14.00 Uhr. Anruf: Durchwahl International 00 dann für Deutschland 49, für Österreich 43, für die Schweiz 41. Anschließend Ortsvorwahl ohne erste Null und Teilnehmernummer. Ein dreiminütiges Gespräch mit Deutschland zur Normalzeit kostet etwa DM 4,50.-, mit Österreich ca. öS 28.-, mit der Schweiz ca. sfr 4,10.-.

Für Anrufe innerhalb der Balearen muss neben der Rufnummer auch die Vorwahl (971) gewählt werden. Für Anrufe aus dem Ausland muss die komplette Vorwahl (z.B. 0034 971 – Rufnummer) gewählt werden. Handy: Wenn Sie Ihr Handy mitgebracht haben, orientieren Sie sich bitte an den Informationen Ihres Fernsprechgeräts. Prinzipiell gilt, dass auch Gespräche innerhalb der Insel über die Kontaktnummer Ihres jeweiligen Kommunikations-Vertragspartners (z.B. über Deutschland) abgewickelt werden.

Trinkgeld

Hier darf dosiert werden: dem Service entsprechend, »unfreundliche« 0 % bis »sehr zufriedene« 10 %. Trinkgeld erwarten: Hotelpersonal, Kellner, Ober im Restaurant, Parkplatzeinweiser, Platzanweiser, evtl. Tankwart und Taxifahrer.

Trinkwasser

Waschen ja, Zähneputzen ja – aber bitte nicht trinken (bis auf ausdrückliche Genehmigung bei Hotels mit eigenem Brunnen). Oft liegen die Salz-, gelegentlich die Nitrat-Werte zu hoch. Trinkwasser gibt es in der Ein-Liter-Flasche oder im Fünf-Liter-Kanister in jedem Lebensmittelgeschäft oder an öffentlichen Zapfstellen mit der Aufschrift »aigua potable«. Übrigens: Für jeden gesparten Tropfen ist man dankbar, da im Sommer Wassermangel herrscht.

Verkehr

Stichwort: Europarichtlinien. Unterschiede liegen hauptsächlich in der Mentalität, so sollte man besonders an Ampeln und vor Kreuzungen Vorsicht walten lassen. Höchstgeschwindigkeiten soweit nicht anders ausgeschildert: Orts-, Stadtbereich: 50 km/h; Landstraße 80 km/h; Landstraße mit Seitenstreifen 100 km/h, Autobahn 120 km/h; Anschnallpflicht; Promillegrenze: 0,4 (neuer Führerschein: 0,2).

Wochenmärkte in der Übersicht
(Die Märkte sind alle vormittags)
Montag: Caimari, Calvià, Manacor
Dienstag: Alcudia, Artà, Porreres, Santa Magalida
Mittwoch: Andratx, Capdepera, Marratxi, Petra, Port de Pollença, Santanyí, Sineu, Vilafranca, Selva, Sencelles
Donnerstag: Campos, Inca, ses Salines, San Lorenzo
Freitag: Algaida, Binissalem, Búger, Llucmajor, Santa Eugenia, Son Serrera, Can Picafort
Samstag: Alaró, Bunyola, Cala Rajada, Campos, s'Horta, Lloseta, Santanyí, Santa Magalida, Flohmarkt in Palma
Sonntag: Alcúdia, Felanitx, Llucmajor, Muro, sa Pobla, Pollença, Santa Maria, Valldemossa

Zoll
Innerhalb der EU gibt es keine Beschränkungen mehr. Bei der Ein- und Ausfuhr von Gütern, sofern sie für den Privatgebrauch bestimmt sind, gelten diese Vorschriften. Als Richtmenge gelten z.B. 800 Zigaretten und 10 Liter Spirituosen (pro Person), ausgenommen ist die Regelung für Duty-Free-Ware. Für die Schweiz gilt: 200 Zigaretten oder 50 Zigarren, 1 Liter mit mehr und 2 Liter Spirituosen mit weniger als 15 % Alkoholgehalt, 2 Liter Wein, 500 g Kaffee, 50 g Parfüm, Souvenirs sind bis zu einem Gesamtwert von 200 sfr steuerfrei.

Zweiräder
In jedem größeren Ferienort bietet mindestens ein Verleih Motorräder an. Preisvergleiche lohnen sich. Vor allem bei mehreren Tagen. Beispiel: Harley Davidson: ca. 13.000,- pts./Tag. Bitte keine Wertgegenstände am Motorrad oder Scooter zurücklassen. Auch nicht den Helm. Denn in Spanien besteht Helmpflicht!

Reise-Info

Fährverbindungen Spanisches Festland – Mallorca

Barcelona – Palma

Februar bis März	Fr – So, 23.00 Uhr
	Mo – Do, 12.00 Uhr
März	täglich, 23.00 Uhr
	Di, Sa zusätzlich 12.00 Uhr
März/April	täglich, 23.00 Uhr
	Di, Sa zusätzlich 12.00 Uhr
April bis Juni	täglich, 23.00 Uhr
Juni	täglich, 23.00 Uhr
Juni/Juli	täglich, 23.00 Uhr
	Fr zusätzlich 12.00 Uhr
Juli/August	täglich, 23.00 Uhr
	Fr zusätzlich 12.00 Uhr
September	täglich, 23.00 Uhr
	Fr zusätzlich 12.00 Uhr
September bis Dezember	Fr – So, 23.00 Uhr
	Mo – Do, 12.00 Uhr

Preise:	Motorrad	ab 50,– DM
	Doppelkabine 1 Person	ab 175,– DM
	Doppelkabine 2 Personen	ab 150,– DM
	Sessel Deckpassage	ab 65,– DM

Mini-Dolmetscher

Deutsch	Spanisch
Ich bin Deutscher	Soy Alemán
Ich verstehe Sie nicht!	No le entiendo
Spricht jemand Deutsch?	¿Algien habla alemán?
Wo fährt der Bus nach...	De donde sale el autocar
Wann fährt der Bus...	A que hora sale el autocar

Ich möchte D-Mark wechseln	Quiero cambiar marcos
Nehmen Sie Reiseschecks?	Acceptan cheques de viaje
Helfen Sie mir bitte!	Por favor, ayúdeme
Bitte schreiben Sie auf ...	Por favor, escribalo
Wie spät ist es?	¿Que hora es?
Wo sind die Toiletten?	¿Donde estan los servicios?
Die Rechnung, bitte!	La cuenta por favor
Ein Stadtplan...	Un plano de ciudat
Ich verstehe Sie/dich nicht.	No le/la/te entiendo.
Ich spreche nur wenig...	Hablo sólo un poco de...
Können Sie mir bitte helfen?	¿Puede Usted ayudarme, por favor?
Haben Sie...?	¿Tiene usted...?
Wie viel kostet es?	¿Cuánto cuesta?
Wie viel Uhr ist es?	¿Que hora es?
Ich brauche einen Arzt	Necesito un medico
Ich habe	Tengo
...Durchfall	...colitis
...Fieber	...fiebre

Santuari de Sant Salvador bei Felanitx

...Kopfschmerzen	...dolor de cabeza
...Zahnschmerzen	...dolor de muelas
...Sonnenbrand	...quemadura de sol
...Magenbeschwerden	...molestias del estomago
Guten Morgen!	¡Buenos días!
Guten Tag	¡Buenos días! / Buenas tardes!
Guten Abend!	¡Buenas tardes!/ Buenas noches!
Hallo!	¡Hola!
Auf wiedersehen!	¡Hasta la vista / Adiós!
Bis bald!	¡Hasta luego!/ Hasta pronto!
Entschuldigen Sie, wir haben...	Disculpe, tenemos una...
eine Frage	pregunta
Wir wollen nach...	Queremos ir a...
Führt diese Straße nach...	Esta calle lleva a...
Wie kommt man nach...	Como se llega a...
Sie müssen umkehren	Usted tiene que regresar
Das ist die falsche Straße	Esta no es la calle correcta
Wie weit ist es ungefähr?	¿A qué distancia está más o menos?
rechts	a la derecha
links	a la izquierda
geradeaus	todo recto
Kreuzung	cruce
Ampel	semáforo
Kurve	curva
Autobahn	autopista
Schnellstraße	autovia
Straße (im Ort)	calle
Landstraße	carretera
Kreisverkehr	tráfico circular
Ausfahrt	salida
Bauarbeiten	obras
Baustelle	trayecto en obras
Durchfahrt verboten	prohibida el paso
Gefahr	peligro

Geschwindigkeitsbegrenzung	limitación de velocidad
Motorrad	motocicleta
Umleitung	desvío
Benzin	gasolina
Diesel	gasoil
Super	super
bleifrei	sin plomo
Tankschloss	cerradura del deposito
Reifendruck	presión del neumático
Der Motor läuft heiß	El motor se calienta
Können Sie das reparieren?	¿Puede usted reparar esto?
Wie lange dauert es?	¿Cuánto tiempo va tardar?
Wann ist es fertig?	¿Cuándo está listo?
Was kostet das?	¿Cuánto cuesta esto?

0	cero
1	un/uno/una
2	dos
3	tres
4	cuatro
5	cinco
6	seis
7	siete
8	ocho
9	nueve
10	diez
20	veinte
100	cien
200	doscientos
500	quinientos
1000	mil

Montag	lunes
Dienstag	martes
Mittwoch	miércoles
Donnerstag	jueves
Freitag	viernes
Samstag	sábado
Sonntag	domingo

Mallorcas wilder Westen

Kurvenreich geht es vom schönen Städtchen Andratx (der Hafen ist Port d'Andratx) durch romantische Fluchten zur Kartause von Valldemossa. Auf dieser Berg- und Talfahrt erwarten uns Zeugen maurischer Vergangenheit und ein ursprüngliches Mallorca.

Auf den Spuren von George Sand und Frédéric Chopin

Ausgangspunkt für unsere Tour zu den schönsten Orten der malerischen Nordwestküste Mallorcas ist das Kleinstädtchen Andratx, inmitten einer herrlichen Gartenlandschaft gelegen. Wir verlassen Andratx auf der C 710 in nördlicher Richtung. Sie erwartet uns mit herrlich schwungvollen Kurven, und wir gleiten in wunderbarer kurvenreicher Fahrt vorbei an den südlichen Ausläufern der Serra de Tramuntana, die hier in Hügelland übergehen.

Valldemossa bietet uns schon beim Näherkommen ein eindrucksvolles Ortsbild.

NORDWESTLICHES MALLORCA

23

Wunderschöne Ausblicke und traumhafte Kurven bietet uns die Fahrt durch Mallorcas Westen, hier in der Nähe von Estellencs.

Wer Lust auf viele kleine Kehren hat und sich entsprechend frisch fühlt, sollte bereits kurz nach Andratx der schmalen Kehrenstraße nach Sant Elm folgen, die durch eine sanft gewellte Landschaft ins charmante Örtchen Sant Elm führt. Dieser kleine Hafenort hat sich erfolgreich dagegen gewehrt, ein Yachthafen zu werden. Hier gruppieren sich kleine Häuschen mit bunten Fensterläden romantisch hinter der Terrasse von Sant Elm. Wir haben die vorgelagerte Insel sa Dragonera im Visier, zu der man mit einer Fähre in 20 Minuten hinüber pendeln kann. Das ehemalige Piratenschlupfloch ist seit 1995 ein Naturpark und bietet heute Vögeln und Eidechsen (Mallorquinisch: drac), die auch der Insel den Namen gegeben haben, eine Heimat.

Hinter Andratx fahren wir in endlos scheinenden Windungen auf der C 710 am Aussichtspunkt Abidala, der auf 423 Meter Höhe liegt, weiter über den Coll de sa Gremola und an dem 927 Meter hohen Berg s'Esclop vorbei.

Ab hier sollte man nicht ohne festes Schuhwerk, sowie warme und auch wasserdichte Kleidung fahren, da es in den Höhenlagen recht kühl und wetterunbeständig werden kann.

Nur fünf Kilometer weiter stürzen sich bei Punta de sa Llova die Hänge ins Meer. Hier prägen enge und felsige Buchten das Bild. Wir haben zwar Badehosen im Gepäck, doch die Vielzahl an Attraktionen und die lockenden Kehren veranlassen uns, wieder auf die Maschine zu steigen und erst am Mirador de Ricardo Roca die wunderbare Aussicht zu genießen und uns im Restaurant »es Grau« mit Fisch-Spezialitäten verwöhnen zu lassen.

Wir erblicken den Befestigungsturm Mirador de R. Roca, der sich hoch über der Straße präsentiert und erklimmen die steile Steintreppe hinauf zum Turm. Im stillen Staunen bewundern wir die »ewige und doppelte Bläue an Himmel und Meer«, wie es der Erzherzog Ludwig Salvator bereits treffend beschrieb.

Achterbahn durch blühende Terrassenlandschaften

Wir verlassen die Kiefernwälder und erreichen nach vier Kilometern den schmucken Ort Estellencs. Dieses malerisch gelegene Dörfchen, das sich terrassenförmig an den Galatzó (1026 Meter) an-

schmiegt, lädt zu einem Bummel in die engen Gässchen ein. Vogelgezwitscher, das von den Bäumen und Häusern in jedem Winkel des Zentrums widerhallt, erfüllt die Luft. Bunter Kachelschmuck an alten Häusern und der Duft nach Zitronen machen diesen Ort komplett, dessen lieblicher Charakter uns seltsam anmutet, da wir uns mit unseren Maschinen hier in der romantischen Vergangenheit verloren fühlen.

An den Hauswänden von Estellencs werden bunte Teller und Kacheln ausgestellt.

Wir kehren zurück in die Wirklichkeit und steigen beherzt in die nächsten Kurven in Richtung Banyalbufar und erreichen nach acht Kilometern den wohl schönsten Aussichtspunkt dieser Tour, die Torre de ses Ànimes. Der meistfotografierteste Turm der Insel wurde im 15. Jahrhundert zur Verteidigung bei Angriffen von Piraten errichtet und gehörte zu einer Kette von Wachtürmen, die in Sicht- und Rufweite voneinander entfernt standen und das Warnsystem der wehrbereiten Truppen bildeten. Leider gibt es nur noch wenige dieser Türme, die restauriert wurden.

Tipp

Auf der ganzen Gebirgsstrecke sollten nicht geübte Motorradfahrer vorsichtig sein. Überall liegen Steine und Sand auf der Fahrbahn, die von häufigen Regenfällen ausgewaschen wurden. Spurrillen sind nicht auf Anhieb zu erkennen. Auch bedeuten die engen Kurven bergauf und bergab einen enormen Kraftaufwand.

Der Name des kleinen Bauern- und Fischerdorfes geht auf die Maurenzeit zurück. »Kleiner Weingarten am Meer« kommt vermutlich aus dem arabischen »buniola al-bahar«, das später zu Bañalbahar wurde. »Steinreich« ist dieser Ort, denn hier zeugen Mauern und Terrassen von der unübertrefflichen Kunst der Mauren, blühende Landschaften zu schaffen.

Der Ort wirkt durch seinen exotischen Reiz, denn die Terrassen liegen wie überdimensionale Treppenstufen ober- und unterhalb der Häuser. Vielleicht der Grund dafür, dass sich in der letzten Zeit viele ausländische Künstler hier niedergelassen haben, um in der Ruhe und Abgeschiedenheit zu relaxen.

Nach Banyalbufar windet sich die Straße in abenteuerlichen Serpentinen, die uns zwingen, die nervenden kleinen Mietwagen, die auf ihrer Besichtigungstour nur respektvoll und entsprechend langsam in die Kurven gehen, zu überholen. Also schauen, aufreißen, vorbeizischen und mit Blick auf die nächste Spitzkehre wieder abbremsen.

So lassen wir diese Vehikel hinter uns und begeben uns weiter auf Achterbahnfahrt in Richtung Valldemossa.

Einsamer Platz am Meer

Vorbei am Landgut Son Mas gelangen wir nach 7,5 Kilometern und zahlreichen Serpentinen, mit grandiosen Ausblicken, zu dem kleinen Fischerdorf Port de Valldemossa am Fuße steiler, bewaldeter Berghänge.

Hier gibt es noch kaum touristische Infrastruktur; das Wasser im kleinen Hafenbecken ist unglaublich klar. Am Kieselstrand kann man baden und im Restaurant »sa Marina« vorzüglich speisen.

Kaum sind wir wieder auf der C 710, kommen wir an eine

wichtige Kreuzung. Hier biegen wir nach rechts auf die PM 111 Richtung Valldemossa ab.

In Port d'Andratx

Berühmte historische Gäste

Bereits aus der Ferne genießt man den herrlichen Blick auf das Häusergewirr mit seinen roten Ziegeldächern rund um das große Kartäuserkloster von Valldemossa. In diesem Kloster mieteten sich im Winter 1838/1839 George Sand und Frédéric Chopin ein. Die zwiespältige Beziehung der Mallorquiner zu diesen Gästen hat sie nicht daran gehindert, den Aufenthalt der beiden Künstler entsprechend zu vermarkten. Gewürdigt wird Chopin mit einem alljährlichen Musikfestival, das über 300.000 Musikfreunde anzieht. Die Kartause ist eine weitere Attraktion für viele Touristen.

Der Ort mit dem klangvollen Namen, eingerahmt von grünen Terrassengärten und hohen Bergen, ist nur dann beschaulich, wenn die Ausflugsbusse am späten Nachmittag wieder abgefahren sind.

Einen Bummel wert sind die blumengeschmückten Kopfsteinpflastergassen mit kleinen Andenkenläden und netten Cafés, die uns zur Rast einladen.

Zwischen hohen Gipfeln

Unser Weg führt uns weiter Richtung Palma zwischen den Bergen Boixos (625 Meter) rechts und Fàtima (651 Meter) links, auf der PM 111. Wir erreichen nach 7 Kilometern den Ort s'Esgleieta. Hier sollten wir

Die Fahrt bereitet uns viel Vergnügen, aber immer wieder lassen uns die herrlichen alten Häuser mit ihren z. T. exotischen Gärten anhalten.

gut aufpassen, da wir uns auf die PM 112 nach Esporles orientieren müssen. Bereits nach 4,5 Kilometern mündet die PM 112 in die PM 104; hier rechts abbiegen.

Durch waldiges Hügel- und Bergland bereitet uns die Fahrt viel Spaß. Viele Steigungs- und Gefällestrecken, mit teilweise engen Straßen und einer fast immer kurvenreichen Strecke führen uns bis in den Ortskern von Esporles.

Das Bergstädtchen Esporles mit ca. 3000 Einwohnern, verbirgt sich hinter mittelalterlichen Mauern. Etwa 15 Kilometer von Palma entfernt liegt die kleine Ortschaft inmitten der Serra de Tramuntana. Hier wird Altes mit Neuem verbunden, denn in Esporles findet man nicht nur nach altem Vorbild renovierte Häuser, sondern auch viele neu gebaute Villen.

sa Granja – Landgut und lebendiges Museum

Nicht weit von Esporles fahren wir zum Landgut sa Granja mit einem sehr günstig gelegenen Parkplatz.

Der einstige Herrensitz sa Granja (= Gutshof), ein altes Vorzeige-Landgut, liegt rund 1,5 Kilometer westlich von Esporles in einem bewaldeten Tal, das schon zur Römerzeit wegen seines Wasserreichtums geschätzt war. Und tatsächlich sprudelt noch heute frisches Wasser aus zahlreichen Quellen und Brunnen. Zur Zeit des Königs Jaime I., 1239, ging das Gut durch Schenkung in den Besitz von Zisterziensermönchen über. Sie blieben über 200 Jahre und machten aus dem alten Landgut ein hübsches Fleckchen Erde. Die prächtigen Parkanlagen und bogengeschmückten Galerien um den Innenhof wurden inzwischen zu einem lebendigen Museum. Am Nachmittag kann man den Mallorquinern beim Spinnen und Weben, beim Brotbacken und beim Schmieden zuschauen.

Nach dem Besuch des Landgutes richten wir unsere Fahrt an der Kreuzung oberhalb des Parkplatzes nach links, Richtung Andratx. Die kleine, kurvige Nebenstrecke führt uns nach 9 Kilometern in das Straßendorf Puigpunyent. Durch ein hübsches Tal mit Oliven und Mandelbäumen führt die Straße am Osthang des Puig de Galatzó.

Bei der 5 Kilometer langen Fahrt in das hochgelegene, kleine Dorf Galilea (460 Meter) geht es vorbei an Terrassenkulturen mit Ölbäumen und Zitrusgärten. Das zauberhafte Dorf hat sich zu einer lebhaften Künstlerkolonie entwickelt.

Bald erreichen wir Capdellà. Diese Strecke durch grandiose Berglandschaft ist voll von Kurven. Im Zentrum von Capdellà biegen wir an der Kreuzung rechts Richtung Andratx ab.

Nr.	Straße km	Position	Richtung	Information		Straße km
15	8,5 km	Capdellà	Andratx	an der Kreuzung nach rechts Richtung Andratx, schöne kurvige Bergstraße, Vorsicht!		8,5 km
14	7,5 km	Galilea	Capdella	geradeaus, schöne kurvige Bergstraße, viele Kehren, Schmutz auf der Fahrbahn, Vorsicht!		7,5 km
13	5 km	Puigpunyent	Galilea	geradeaus schöne kurvige Bergstraße, viele Kehren, Schmutz auf der Fahrbahn, Vorsicht!		5 km
12	9 km	sa Granja	Puigpunyent	an den Kreuzungen Richtung Andratx schöne kurvige Bergstraße, viele Kehren		9 km
11	PM 104 1,5 km	Esporles	sa Granja	von der PM 104 nach links in den Parkplatz vor der Finca sa Granja abbiegen, sehenswerte Finca		PM 104 1,5 km
10	PM 104 1,5 km	Kreuzung / Esporles / Palma	Esporles	.		PM 104 1,5 km
9	PM 112 4,5 km	s'Esgleieta	Kreuzung / Esporles / Palma	Stichstraße auf PM 104, nach rechts abbiegen, Richtung Esporles		PM 112 4,5 km
8	PM 111 7 km	Valldemossa	s'Esgleieta	Richtung Palma halten, in s'Esgleieta nach rechts auf die PM 112		PM 111 7 km
7	PM 111 1 km	Kreuzung / Valldemossa	Valldemossa	immer nach Valldemossa halten, Kartäuserkloster, Tankstelle in Valldemossa		PM 111 1 km
6	C 710 0,5 km	Abzweig Port de Valldemossa	Valldemossa	an der Kreuzung nach rechts auf die PM 111		C 710 0,5 km
5	7,5 km	Abzweig Port de Valldemossa	Port de Valldemossa A	Abstecher Aussichtspunkt		7,5 km
4	C 710 8 km	Kreuzung / Valldemossa	Abzweig Port de Valldemossa	Abzweig nach links Richtung Son Mas Port de Valldemossa		C 710 8 km
3	C 710 8 km	Banyalbufar	Kreuzung / Valldemossa	Aussichtspunkt, an der Kreuzung nach links Richtung Valldemossa		C 710 8 km
2	C 710 8,5 km	Estellencs	Banyalbufar	Küstenstraße, Torre de ses Animes Badestrand bei Banyalbufar, kurvige Bergstraße, nur für geübte Motorradfahrer		C 710 8,5 km
1	C 710 18 km	Andratx	Estellencs	von Andratx geradeaus in Richtung Estellencs fahren; Bergstraße, schöner Parkplatz bei es Grau		C 710 18 km

Dieses Roadbook zum Heraustrennen im Anhang

 **INFORMATION**

• **Palma**
O.I.T.-Büro, Plaça de la Reina, 2
Tel. 971 71 22 16, Fax 971 72 02 51

O.I.T.-Büro Plaça d'Espanya,
Tel. 971 71 15 27

• **Valldemossa**
O.I.T.-Büro in der Kartause
Tel. 971 61 21 06

 UNTERKUNFT

• **Banyalbufar**
Mar i Vent
C/. Major, 49
Tel. 971 61 80 00

Hostal Baronia
sa Baronia, 16
Tel. 971 61 81 46

• **Esporles**
La Posada del Marques
Finca es Verger
Tel. 971 61 12 30

S'Hostal d'Esporles
Plaça d'Espanya, 8
Tel. 971 61 02 02

• **Estellencs**
Hotel Maristel
C/. Eusebio Pascual, 10
Tel. 971 61 02 82

• **Palma**
Hotel Born
C/. Sant Jaume, 3
Tel. 971 71 29 42

• **Valdemossa**
Hostal Can Marió
C/. Uetam, 8
Tel. 971 61 21 22

 ESSEN & TRINKEN

• **Estellencs**
Son Llarg
im Ortszentrum
Tel. 971 61 85 76
Speisen am Treppenaufgang

Pizzaria Giardini
an der südlichen Ortseinfahrt
Tel. 971 61 85 96
italienische Küche

• **Banyalbufar**
Son Tomàs
an der südlichen Ortseinfahrt
Tel. 971 61 81 49
Fischspezialitäten

• **Valldemossa**
Son Moragues
1 km westlich des Ortes
Tel. 971 61 61 11
Mo geschlossen
authentische,
leichte mallorquini-
scher Küche

Vistamar
2 km vom Ort Rich-
tung Deià
Tel. 971 61 23 00
Mo geschlossen
schön gelegen, ku-
linarisch erstklassig

• **Esporles**
Restaurant im
Landgut sa Granja

GALILEA

S'enfila per la serra mallorquina
una cresta de gall de pedra dura
i en la punta més alta s'endevina
el Galatzó, que a prop del cel s'atura.

A baix hi ha un poblet sense metzina
d'un bíblic nom, d'essència que perdura
i cases que embelleix la perla fina
d'una església amb una Verge pura.

Aquí es troba la pau tan destilada
amb aire pur i alè de primavera,
lluny de Ciutat, que gran desfici dóna.

El nom de Galilea ben amada,
amb brots de pi, de mata i d'olivera
mereix el do gentil d'una corona.

A.Vidal Isern.
Académic de l'Història

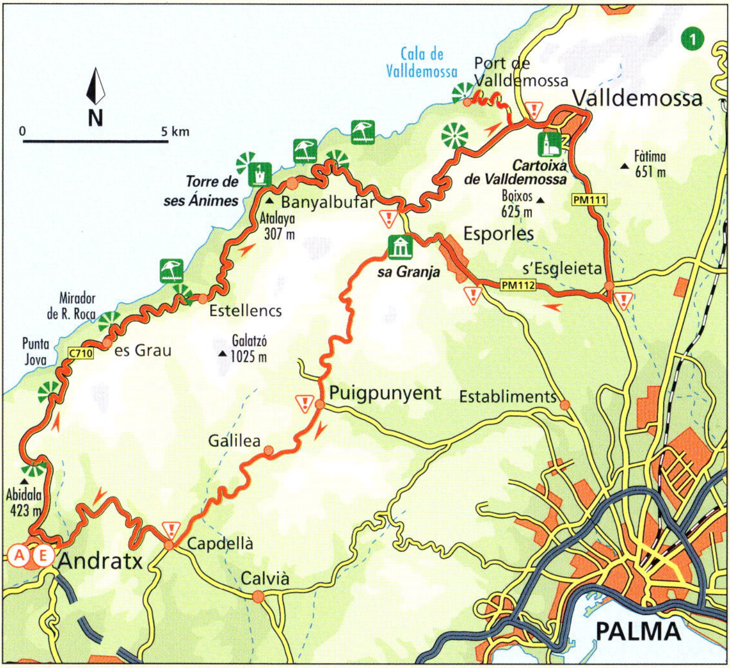

Map of northwestern Mallorca showing:

1

Cala de Valldemossa · Port de Valldemossa · Valldemossa · Cartoixa de Valldemossa · Fàtima 651 m · Boixos 625 m · PM111 · Esporles · s'Esgleieta · PM112 · Torre de ses Ánimes · Banyalbufar · Atalaya 307 m · sa Granja · Mirador de R. Roca · Estellencs · Galatzó 1025 m · Punta Jova · C710 · es Grau · Puigpunyent · Establiments · Galilea · Abidala 423 m · Andratx · A E · Capdellà · Calvià · PALMA

0 — 5 km · **N**

MOTORRADFAHREN

In den nordwestlichen Gebieten Mallorcas muss der Motorradfahrer auf allen Strecken mit Behinderungen durch Steine, Sand und Tannennadeln rechnen.

Die Straßen sind teils sehr eng und kurvenreich, etwas Erfahrung im Umgang mit dem Motorrad ist unbedingt notwendig. Immer wieder ereignen sich Unfälle duch Überschätzung.

SEHENSWÜRDIGKEITEN

• Valldemossa
Kartause, Palast des Königs Sanxo, Museum für zeitgenössische Kunst
Öffnungszeiten: täglich 9.30–13.20 und 15.30–18.30 Uhr, So/Fei 10–13 Uhr

sa Granja
Öffnungszeiten: täglich 10–19 Uhr (im Winter bis 17 Uhr), Mi und Fr ab 15.30 Uhr Folklore-Darbietungen.

Von Valldemossa nach Sa Calobra

Diese anspruchsvolle Tour führt über die herausfordernden Strecken von Valldemossa, durch die majestätische Bergwelt der Serra de Tramuntana, vorbei an grandiosen Naturschauplätzen nach sa Calobra bis zum Torrent de Pareis.

Wilde Serra de Tramuntana

Gut vorbereitet, mit Regenkleidung und warmen Klamotten in den Koffern, starten wir auf der C 710 in Valldemossa nach Sóller. Auf der kurvenreichen Küstenstraße erreichen wir Son Marroig, ein Herrenhaus mit Blick auf die Punta de sa Foradada. Nach einer umwerfenden Kehre drängt sich die interessante Felsformation über der Steilküste in unseren Blickwinkel. Hier ragt eine Halbinsel ins Meer hinaus. Wind und Wetter haben ein großes Loch hin-

Karstige, beeindruckende Landschaft: 800 Meter Höhenunterschied auf der Straße unter dem Puig Major nach sa Calobra. (Der Puig Major selbst ist 1434 m hoch.)

NÖRDLICHES MALLORCA

ein gebohrt. Es misst im Durchmesser rund 18 Meter, angeblich soll sogar ein Kunstflieger einmal hindurchgeflogen sein. Der Blick von der halbrunden Aussichtsterrasse ist umwerfend. Johannisbrotbäume laden uns in ihrem Schatten zum Verweilen ein – hier lässt es sich gut sein.

Entspannt gehen wir die nächste Etappe an und erreichen Deià, das Hauptquartier der kreativ-alternativen Mallorca-Gemeinde. Maler wie Ernst Fuchs und Musiker wie Eric Clapton konnten sich dem Zauber dieses 500-Seelenortes nicht entziehen. Schuld daran ist der britische Poet Robert Graves, der rund fünfzig Jahre hier lebte und auch hier begraben ist. Dieser Friedhof gilt als der schönste der Insel. Kunsthandwerk, Galerien und Bars geben dem Ort einen unkonventionellen Charme, der sich abhebt von den überlaufenen Touristenzentren andernorts.

Malerische Bucht

Nach einem Kilometer auf der C 710 Richtung Sóller biegen wir nach links zur Cala Deià, die eine der malerischsten Buchten der Westküste ist. Nur für schwindelfreie Motorradfahrer und Kleinwagen eignet sich der enge Weg, der zur kleinen Kieselsteinbucht führt. In vielen Kehren, auf holpriger Straße, fährt man vorbei an Olivenbäumen bis zu einem Hof. Zu Fuß erreicht man über Stufen ein Restaurant, das über dem Meer errichtet wurde. Von der Terrasse aus hat man einen herrlichen Blick auf die schmale Badebucht und die Brandung.

In Sóller

Ein Tal voller Orangen

Holprig führt uns eine schmale Straße mit schlechtem Belag zum Dorf Llucalcari, dessen Häuser wie Schwalbennester am Fels hängen. Die Natursteinhäuser und die massiven quadratischen Türme, die zum Schutz vor Korsarenüberfällen errichtet wurden, machen diesen Ort zu einem Kleinod. Von dort führt uns eine Straße nach Sóller, das die meisten Urlauber als Ziel der nostalgischen Bimmelbahn »Roter Blitz« kennen. Die Stadt liegt zu Füssen der Serra de Alfàbia, in einem paradiesischen Garten. Orangen, Zitronen und Oliven glitzern verheißungsvoll in der

Sonne und der würzige Duft von Avocado- und Pfefferbäumen erfüllt die Luft.

Die Siedlungsgeschichte reicht bis in die Bronzezeit zurück und auch die Römer hinterließen ihre Spuren. Im lebendigen Zentrum von Sóller erzählen eine ganze Reihe von Patrizierhäusern vom Glanz der Stadt im 18. Jahrhundert. Von Sóller fahren wir Richtung Port de Sóller nach Norden. Nach einem Kilometer machen wir Halt in Port de Sóller, das mit seinen Café-Terrassen und seinem kleinen Strand an der einzigen größeren Bucht der Nordküste liegt.

Die breit angelegte Straße führt uns zu der kreisrunden Bucht des Port de Sóller, die im Süden vom Cap Gros begrenzt wird. Auf der nördlichen Landspitze der Bucht steht die Torre Picada.

Nach Orangen- und Zitronendüften umweht uns eine salzige Brise im Hafen von Port de Sóller.

Wildes Bergpanorama und verheißungsvolle Serpentinen

Die hohen Bergpässe der Serra de Tramuntana, die bis auf 800 Meter ansteigen, ziehen uns magisch an. Verheißungsvoll lockt uns das Bergdörfchen Fornalutx, das wir nach fünf Kilometer Kurvengeschlängel erschöpft, aber herrlich zufrieden erreichen.

Das 700 Einwohner zählende Bergnest liegt am Fuß des höchsten Berges von Mallorca, dem Puig Major (1434 Meter). Schon oft erhielt der kleine Ort im Nordwesten die Auszeichnung »schönstes Dorf Spaniens«. Pittoreske Gassen und verwinkelte Treppen vor einem wilden Bergpanorama sind in der Tat außergewöhnlich.

Zurück auf der C 710 geht es in Richtung Pollença dem Puig Major entgegen. Der höchste Berg Mallorcas trägt eine weithin sichtbare Radarstation der NATO. Leider ist der gesamte Berg militärisches Sperrgebiet. Also umfahren wir den Berg südlich und erreichen nach 18 Kilometern Gorg Blau. Der tiefblaue Stausee Gorg Blau (= blaue Klamm), der sich uns mit einer Länge von 500 Metern und mit einer Tiefe von 100 Metern stolz und stattlich präsentiert, so als ob er wüsste, dass er für die Trinkwasserversorgung der Insel eine immense Bedeutung hat.

Elchtest auf wild gewordenen Pisten

Nachdem wir den Stausee unterhalb des Puig Majors passiert haben, zeigt ein Äquadukt links die Abzweigung nach sa Calobra und zum Torrent de Pareis an. Die beeindruckendste Straße (PMV 2141) Mallorcas, auf der trotz der vielen Kurven noch nie ein schwerwiegender Unfall passiert ist, windet sich 12 Kilometer über unzählige Kurven von 800 Meter Höhe bis zum Meeresspiegel. Anfang der 30er Jahre schuf Chefingenieur Antonio Parietti ein Meisterwerk alpiner Straßenbaukunst. Höhepunkt ist der Krawattenknoten (Nus de sa Corbata), der wie auf einer Stadtautobahn in die karge Landschaft gebaut wurde. Die schmale Straße verläuft in einem 270° Winkel und führt unter sich selbst wieder hindurch. Eine wirklich spektakuläre Strecke, auf der man in den Kehren aber immer wieder mit Touristenbussen rechnen muss. Am Engpass Cavall Bernat lassen zwei gigantische Felsblöcke nur einen schmalen Spalt offen, durch den sich täglich Hunderte von Mietwagen und Autobusse zwängen.

Wie eine Schlange (calobra – Natter) windet sich die Strasse hinab nach sa Calobra, das dem Ansturm der Besucher kaum gewachsen ist. Als Belohnung für die anstrengende Fahrt empfinden wir die Fahrt durch die Schlucht des Torrent de Pareis über eine breite Promenade und durch einen unbeleuchteten Tunnel.

Der imposanteste Wildbach der Insel, der seinen Weg durch einen tiefen Felskessel zum Meer gefunden hat, ist aber die meiste Zeit des Jahres ausgetrocknet. Am kleinen Kiesstrand zwischen den Felsen, die bis zu 400 Meter aufragen, herrscht viel Touristenbetrieb. Die Schlucht selbst ist über zehn Kilometer lang. Nach einer Erfrischung im eiskalten, stahlblauen Wasser erreichen wir die C 710 bereits wieder schweißgebadet, da die Sonne zornig auf uns hinunter brennt.

Eigentlich wollen wir wieder zurück und hier in der traumhaften Landschaft bleiben, aber unsere Tour geht weiter

sa Calobra

Richtung Pollença und nach knapp zehn Kilometern fahren wir auf der PM 223 in Richtung Selva. Wir verlassen die beeindruckenden Bergstrecken und vertrauen uns der Inselebene an. Weite Panoramabilder mit Mandelbäumen, Olivenhainen und Schafherden begleiten uns auf der bequemen Fahrt von Inca in Richtung Lloseta/Alaró auf der PM 211.

Erholung in der Ebene

Das langgestreckte Städtchen Lloseta, das nur vier Kilometer von Inca entfernt liegt, zeichnet sich vor allem durch stattliche Häuser aus. Besonders interessant ist die Casa Ayamans, direkt neben der Kirche. Das Herrenhaus aus dem 17. Jahrhundert ist von einem sehr gepflegten Garten der Familie March umgeben. Sehenswert ist die Pfarrkirche Lloseta, die der Geburt der Jungfrau Maria geweiht ist. Außerdem ist die Ortschaft bekannt für ihre Schuhfabrikation, die Orangenkulturen und das Kunsthandwerk. Von hier begleiten uns Bahnschienen einen Teil des Weges nach Binissalem, eine Stadt, die durch ihren Wein sich weit über die Grenze hinaus Anerkennung verschafft hat. Das Weinleserdenkmal auf dem Kirchplatz ist aus cremefarbenem Stein, manchmal durchsetzt mit orangenen Flecken, der auch die Häuser und die Kirche des Ortes schmückt und ihm eine friedliche Atmosphäre schenkt. Das haben wohl schon die Mauren erkannt, denn der Name Binissalem ist aus dem Arabischen abgeleitet und bedeutet Söhne des Friedens.

Auf der C 713 Richtung geht es weiter nach Alaró, das am Fuße der Serra de Tramuntana direkt unter einem markanten Burgfelsen liegt. Hier sind einige Betriebe der Schuh- und Textilindustrie angesiedelt. Interessant ist die Pfarrkirche Sant Bartomeu aus dem Jahr 1236.

Links windet sich nach 1,5 Kilometern auf der PM 210 eine kleine, kurvige Bergstraße zum Puig d'Alaró (822 Meter) hinauf. Der enge Weg mündet nach zahlreichen Serpentinen auf einen großen Parkplatz. Hier lädt auch das urige Restaurant es Verger mit mallorquinischer Küche zur Rast ein.

Nach einer stimmungsvollen Fahrt auf der PM 210 erreichen wir Solleric. Unser Blick schweift über das fruchtbare Tal von Orient und über die Berghänge der Mola de Son Montserrat. Die Finca Solleric war früher wegen seines Olivenöls berühmt.

Eine hitzige und scharfe Strecke führt uns nach Orient, das sich herausgeputzt und zu einem der schönsten Orte am Fuße der Berge entwickelt hat. Es liegt inmitten von Steineichen und Föhrenwäldern in einer Höhe von 455 Metern. Die wenigen Häuser stehen dicht an dicht, enge Gassen mit vielen Treppen führen durch den Ort.

Hinter Orient weitet sich das Tal zum Vall d'Orient. Die Straße steigt hinter dem Landgut Son Perot in kleinen aber steilen Serpentinen bergan. Nach etwa zwei Kilometern haben wir die Höhe des Col de Honor (550 Meter) erreicht. Anschließend fahren wir bergab über die bewaldeten Hänge unterhalb der Serra de Alfàbia.

Die Faszination orientalischer Gärten

Bunyola lebte bis Ende des 18. Jahrhunderts vorwiegend vom Olivenanbau. In

Nr.	Straße km	Position	Richtung	Information		
8	C 711 1 km	Söller / Bahnhof	Kreuzung / Söller	Abstecher: an der Kreuzung geradeaus Richtung Port de Söller		C 711 1 km
7	C 711 1 km	Kreuzung / Söller	Söller / Bahnhof	Straßenbahn nach Port de Söller oder Zug nach Palma		C 711 1 km
6	C 710 6 km	Llucalcari	Kreuzung / Söller	kurvenreiche Küstenstrecke mit schlechtem Fahrbahnbelag		C 710 6 km
5	C 710 3 km	Abzweig Cala Deià	Llucalcari	kurvenreiche Küstenstrecke mit schlechtem Fahrbahnbelag		C 710 3 km
4	- 2 km	Abzweig Cala Deià	Cala Deià	Abstecher: Badestrand		- 2 km
3	C 710 1 km	Cala Deià	Abzweig Cala Deià	nach links zur Cala Deià		C 710 1 km
2	C 710 2 km	Son Marroig	Deià	Küstenstraße; Aussichtspunkte		C 710 2 km
1	C 710 8 km	Valldemossa	Son Marroig	Tankstelle in Valldemossa, schöner Aussichtspunkt mit Kiosk am Son Marroig		C 710 8 km

Bunyola orientieren wir uns in Richtung Sóller, auf der PM 202, wobei darauf zu achten ist, das man am Bahnhof von Bunyola vorbeifährt. Hier treffen wir auch nochmal auf ein Stück Verkehrsgeschichte der Insel. Der winzige Bahnhof bildet einen Halt für den nostalgischen Zug »Roter Blitz« auf der Strecke von Palma nach Sóller. Wir haben das gleiche Ziel und begeben uns auf die C 711 in Richtung Sóller.

Nach etwa vier Kilometern auf der Schnellstraße erreichen wir kurz vor dem mautpflichtigen Tunnel, der 1997 eröffnet wurde, die Gärten von Alfàbia.

Beeindruckt von maurischer Kunstfertigkeit und mallorquinischer Gelassenheit, was Straßenbau betrifft, winden wir uns auf abenteuerlichen Serpentinen stetig bergauf zum 496 Meter hohen Coll de Sóller.

Oben lädt uns ein Restaurant nochmals zu einer ausgedehnten Pause ein und dann fahren wir zurück über Sóller, Deià nach Valldemossa.

Nr.	Straße / km	Position	Richtung	Information		Straße / km
31	C 710 15 km	Sóller	Valldemossa	in Sóller der Wegweisung Valldemossa folgen		C 710 15 km
30	C 711 10 km	Coll de Sóller	Sóller	nach dem Tunnel wieder auf die C 711		C 711 10 km
29	- 4 km	Jardins de Alfàbia	Coll de Sóller	kurvige Straße zum Coll de Sóller; Café		- 4 km
28	C 711 4 km	Kreuzung / C 711	Jardins de Alfàbia	großer Parkplatz vor dem Tunnel		C 711 4 km
27	- 1 km	Bunyola	Kreuzung / C 711	.		- 1 km
26	PM 210 11 km	Orient	Bunyola	Bergstraße mit vielen Serpentinen		PM 210 11 km
25	PM 210 4 km	Solleric	Orient	Bergstraße		PM 210 4 km
24	PM 210 4 km	Abzweig / Puig d'Alaró	Solleric	am Abzweig links, Bergstraße		PM 210 4 km
23	- 2 km	Abzweig / Puig d'Alaró	Puig d'Alaró	Abstecher: schlechte Straße bis zum Parkplatz des Restaurants und der Burg		- 2 km
22	PM 210 1,5 km	Alaró	Abzweig / Puig d'Alaró	links abbiegen		PM 210 1,5 km
21	PM 210 5 km	Consell	Alaró	in Consell nach rechts abbiegen, gut ausgebaute Straße		PM 210 5 km
20	C 713 1,5 km	Kreuzung / C 713	Consell	an der Kreuzung nach rechts, Richtung Consell/Palma, gut ausgebaute Straße		C 713 1,5 km
19	- 1 km	Binissalem	Kreuzung / C 713	links zur C 713 aus dem Dorf heraus		- 1 km
18	- 5 km	Lloseta	Binissalem	in Lloseta zum Bahnhof		- 5 km
17	PM 211 4 km	Inca	Lloseta	an den Kreuzungen immer Richtung Lloseta halten, gut ausgeschildert, Bahnlinie Inca / Palma muss links liegen		PM 211 4 km
16	PM 223 4 km	Selva	Inca	gut ausgebaute Straße, Tankstelle in Inca		PM 223 4 km
15	PM 223 12 km	Kreuzung Pollença / Lluc	Selva	Abzweig nach rechts nach Selva / Inca		PM 223 12 km
14	C 710 9,5 km	Abzweig	Kreuzung Pollença / Lluc	Abzweig nach links Richtung Pollença, Bergstraße, Tankstelle bei Lluc		C 710 9,5 km
13	CMV 2141 12 km	Abzweig nach sa Calobra	sa Calobra	Abstecher: Torrent de Pareis, schöner Badestrand		CMV 2141 12 km
12	C 710 1 km	Gorg Blau	Abzweig nach sa Calobra	Abzweig nach dem Tunnel nach links Richtung sa Calobra		C 710 1 km
11	C 710 16 km	Kreuzung / Gorg Blau	Gorg Blau	Parkplatz vor dem Tunnel		C 710 16 km
10	- 1,5 km	Fornalutx	Kreuzung / Gorg Blau	Bergstraße zur C 710, an der Kreuzung nach rechts		- 1,5 km
9	- 5,5 km	Sóller / Bahnhof	Fornalutx	vom Bahnhof Richtung Fornalutx, Bergstraße, Passe bis 800 Meter, Kurvengeschlängel		- 5,5 km

Dieses Roadbook zum Heraustrennen im Anhang

 **INFORMATION**

• **Valldemossa**
O.I.T.-Büro in der Kartause
Tel. 971 61 21 06

• **Sóller**
O.I.T.-Büro im Rathaus
Plaça de Constitució
Tel. 971 63 02 00, Fax 971 63 37 22

 UNTERKUNFT

• **Deià**
Hotel des Puig
C/. es Puig
Tel. 971 63 94 09

• **Sóller**
Hotel El Guia
C/. Castanyer, 3
neben dem Bahnhof
Tel. 971 63 02 27

Cas Puers
C/. Isabell II., 39
Tel. 971 63 80 04

Finca Can N'ai
Camí de Son Sales (Richtung Port)
Tel. 971 63 24 94
Luxus in toller Lage

• **Fornalutx**
Hostal Fornalutx
C/. Alba, 22
Tel. 971 63 19 97

• **Alaró**
Hostal Can Tiu
C/. Petit, 11
Tel. 971 51 09 74
unter deutscher Führung

• **Orient**
L'Hermitage
an der Straße Alaró – Orient
Tel. 971 18 03 03
fantastisches Ambiente

Hostal de Muntanya
im Ortszentrum
Tel. 971 61 53 73

 ESSEN & TRINKEN

• **Deià**
Restaurant Can Quet
im Hotel es Molí an der südlichen Ortsein-
fahrt
Tel. 971 63 91 96
Gehobene mallorqinische Küche

Restaurant Sebastian
C./ F. Bauza
Tel. 971 63 94 17
Mi geschlossen
Gehobene mallorqinische Küche

• **Sóller**
Finca Ca n'Ai
Camí de Son Sales, 50
Tel. 971 63 24 94
Gehobene mediterrane Küche

• **Fornalutx**
Can'Antuna
an der oberen Ortseinfahrt
Tel. 971 63 30 68
Mo geschlossen

 MOTORRADFAHREN

Diese Strecke eignet sich nur für wirklich
geübte Motorradfahrer. Man sollte die Fahrt
nicht ohne festes Schuhwerk, sowie warme,

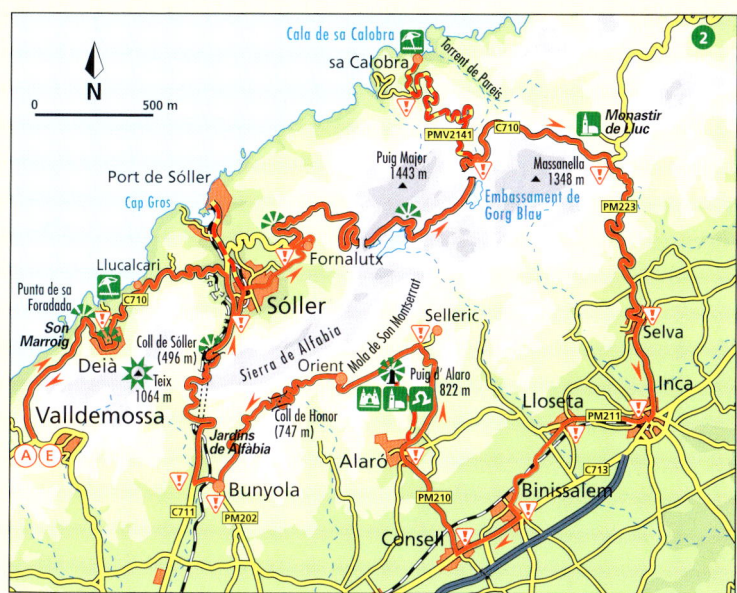

wasserdichte Kleidung beginnen. Die Temperaturunterschiede von den heißen Strandgebieten bis hinauf zu fast 800 Metern Höhe sind wirklich enorm. Gerade auf dem Motorrad kühlt der frische Fahrtwind durch die schattigen Waldgebiete sehr ab.

SEHENSWÜRDIGKEITEN

• Sóller

Museu de Sóller
C/. de Mar, 13
Öffnungszeiten: Di–Sa 11–13 und 15–17.30 Uhr, So 10.30–13.30 Uhr

Jardí Botànic und Museu Balear de Ciències Naturals
neben der Hauptstraße C-711
Öffnungszeiten: Di–So 10.30–13.30 und 17–20 Uhr, im Winter 15.30–17 Uhr

• Deià

Son Marroig
Einstiges Herrenhaus des Erzherzogs Ludwig Salvator
Öffnungszeiten: täglich außer So 9.30–14 Uhr und 15 Uhr bis zur Dämmerung

• Bunyola

Jardins d' Alfàbia
Öffnungszeiten: täglich außer So 9.30–18.30 Uhr, im Winter bis 17.30 Uhr

Von Inca nach Pollença

Auf dieser Tour stürzen wir uns auf Hügelrouten durch die Bergwelt der Serra de Tramuntana und gleiten durch bezaubernde Landstriche hinab zu malerischen Badebuchten. Dabei erleben wir die Gegensätze der Insel, wenn wir an einsamen Windmühlen vorbeirauschen.

Ausgedehnte Sandstrände und einsames Gebirge

Von Inca fahren wir auf der gut ausgebauten PM 223 in Richtung Selva. Auf beiden Seiten begleiten uns die unterschiedlichen Grünschattierungen der Serra de Tramuntana vor deren Kulisse sich bereits die Silhouette der Ortschaft Selva erhebt. Der Name Selva leitet sich aus dem lateinischen Silva = Wald ab. Selva, ein stattliches Bauerndorf mit 4000 Einwohnern, schmiegt sich auf einem Hügel um die im 14. Jahrhundert gebaute Pfarrkirche Sant Llorenç. Die Kirche beherbergt stolz

Der Strand Cala de Sant Vincenç

NÖRDLICHES MALLORCA

die Kopie der »La Santa Familia de Francisco I.«, deren Original im Louvre hängt, ein Gemälde von dem Maler Antonio de Veri y Salas. Nicht minder sehenswert ist auch der Kirchenschatz mit vergoldeten Silberkelchen und einer Silberkrone.

Im August findet das Fest des Patrons Sant Llorenç statt. Das ist ein folkloristisches Fest mit mallorquinischen Tänzen und Musik.

Fahrt durch romantische Orangenhaine und uralte Olivenbäume

Wer ein wenig Ursprüngliches liebt und schmale Straßen nicht scheut, sollte sich einen Umweg über Mancor de la Vall gönnen. Die sehr reizvolle, aber schlecht beschilderte Nebenstrecke führt an der Kreuzung vor Selva nach links über Mancor de la Vall nach Caimari.

Zuerst halten wir uns Richtung Biniamar/Lloseta. Nach zwei Kilometer fahren wir rechts in Richtung Mancor de la Vall. Die Strecke führt uns bergauf und bergab an uralten, knorrigen Olivenbäumen und großen Gärten mit Orangenbäumen vorbei. Mancor de la Vall erreichen wir nach weiteren zwei Kilometern und fahren am Rande der Serra de Tramuntana auf einsamer Strecke nach Caimari.

Der direkte Weg nach Caimari führt über die PM 223. Das wunderschöne kleine Dörfchen lehnt sich pittoresk an die Berge der Serra de Tramuntana. Die sorgsam gepflegten Häuser und Straßen geben den Blick frei auf die terrassenförmig angelegten Olivenhaine.

Das Geheimnis der schwarzen Madonna

Bereits die Strecke nach Caimari hat einen Vorgeschmack davon vermittelt, dass es in angenehmer Fahrt durch schöne Landschaft zum berühmtesten Wahlfahrtsort Mallorcas geht.

Dichter Wald begleitet uns kühl hinauf zum Coll de sa Bataia (579 Meter), an dessen Passhöhe befindet sich ein Restaurant, sowie auch eine Tankstelle. Danach fahren wir in Richtung Pollença/Lluc auf die C 710 und biegen in ein weites, waldreiches Hochtal ab. Entlang der leicht abschüssigen Zufahrtstraße zum Kloster von Lluc wachsen viele Obstbäume, unter denen Schafe einträchtig weiden und sich auch nicht von den Bus- und Autokolonnen stören lassen, die den Parkplatz beherrschen. Wohl dem, der hier ein Zweirad hat.

Im monestir de Lluc ist das Internat der Blavets untergebracht. Der von Mönchen geführte Knabenchor ist vormittags nach 11 Uhr zu hören. Der Name leitet sich ab von den blauen Kragen der Knabengewänder. Der Wallfahrtsort der schwarzen Madonna wird vor allem am Sonntag von Besuchern aus allen Ecken der Insel

Das größte Heiligtum der Insel – die schwarze Madonna von Lluc

besucht, da man hier auch in mehreren Restaurants gut essen kann. Noch im 20. Jahrhundert war das Kloster für all jene, die gegen das Franco-Regime protestierten, Wallfahrtsstätte. Ob die vielen Wanderer, die sich in einer der 100 kärglich eingerichteten Mönchszellen einquartieren, dessen bewusst sind? Sie genießen wohl eher das Kloster als einen idealen Ausgangspunkt für Spaziergänge durch die Steineichenwälder sowie für Hochgebirgswanderungen zu den höchsten Gipfeln der Insel Mallorca.

Die 20 Kilometer lange Strecke von Lluc nach Pollença fahren wir durch schwungvolle Kurven, flankiert von hohen Felsen und schattigen Wäldern. Auf dem Weg nach Pollença verabschieden wir uns von dieser Bergetappe, die uns herrliche Ausblicke und abenteuerliche Kurven schenkte.

Auf den Spuren der Römer

Die Kleinstadt Pollença liegt im nördlichsten Teil von Mallorca an den Ausläufern der Serra de Tramuntana. Hier gibt es viel zu sehen, denn kulturell ist sie zusammen mit Palma und Alcúdia die interessanteste Stadt der Insel. Sie gehört auch zu den ältesten Siedlungsgebieten Mallorcas. Erste menschliche Spuren reichen bis in die Bronzezeit zurück. Aus jener

Zeit stammen die Grotten bei Cala Sant Vincenç. An die römische Vergangenheit erinnert noch die gut erhaltene Römerbrücke (Pont Roma), die über den Torrent de Sant Jordi außerhalb des Ortszentrums führt.

Das Künstlerstädtchen hat seine Authentizität noch bewahrt und strahlt eine noble Ruhe aus mit Ausnahme der Massenanstürme zu hohe Festtagen und vor allem am 2. August, der Tag an dem die Mauren kamen. An diesem Tag schallt der Warnruf durch die Stadt und die Einheimischen teilen sich auf in Christen und Mauren, die das Volksfest »Christians i Moros« feiern.

Die verwinkelten Gassen und die eindrucksvollen Natursteinhäuser liegen hübsch am Rande einer fruchtbaren Ebene. Hier kann man an der Plaça Major das Leben betrachten und dabei entspannen.

Am Sonntag, wenn in der Kirche Nostra Senyora dels Angels die Messe gelesen wird, preisen an der Plaça Major die Marktverkäufer ihr frisches Obst und Gemüse an.

Der Weg teilt sich an der Pfarrkirche nach links zum Kalvarienberg. Für die 365 von Zypressen gesäumten Stu-

Immer wieder führt uns der Weg durch hohe Sandbegrenzungen.

fen – für jeden Tag eine – lohnt sich die Anstrengung auf jeden Fall, da man an der Spitze des Berges einen weitreichenden Blick in die Umgebung vor allem nach Nordosten zum Meer genießt.

Nahe der alten Straße aus Richtung sa Pobla liegt die gotische Oratori del Roser-Vell; vor dem Portal ein alter Ölbaum.

Wir halten uns Richtung Port de Pollença auf der PM 220 und biegen nach zwei Kilometern auf die beschilderte Straße nach links zur Cala Sant Vincenç ab. Das türkisblaue Wasser lockt zum Schwimmen. Mit den Zehen ziehen wir Kreise durch feinen goldenen Sand und lassen

uns von der Sonne trocknen. Dabei genießen wir von der verwunschenen Bucht den Blick auf die Halbinsel Formentor. Eingerahmt wird der Badestrand im Westen von der Serra de sa Font und im Osten von der Serra del Cavall Bernat.

Der uralte Ölbaum vor der Kirche Nostra Senyora.

Im Land der 1000 Mühlen

Unsere Tour führt uns weiter auf der PM 220 Richtung sa Pobla. Bereits nach einem Kilometer zweigt die enge Straße auf den Puig de Maria ab. Achtung: Die Ermita auf dem Gipfel kann nur mit einer Enduro und dementsprechender Erfahrung erreicht werden. Die Straße ist teilweise gepflastert und ist in ihrem unruhigen Verlauf mit Schotter und Sand übersät.

Etwas ruhiger geht es nun weiter, der Beschilderung folgend, nach sa Pobla/Muro auf der PM 220 vorbei an einsamen Windmühlen und weit ausgedehnten Artischockenfeldern. Mit einem letzten Blick auf den Puig Major und die Gebirgsausläufer der Serra de Tramuntana verabschieden wir uns in Richtung sa Pobla und tauchen ein in eine der fruchtbarsten Zonen der Insel, in das Gebiet der 1000 Wind-

mühlen. Mallorca wird auch die »Insel der acht Winde genannt«. Ein Grund, warum sich bis ins 19. Jahrhundert Tausende von Getreidemühlen und Mühlen über die Insel verteilten, die zum großen teil nicht mehr existieren. Doch

Typisch am Rand der kleinen Straßen auf Mallorca: mit Steinmauern eingefasste Olivengärten.

hier bei sa Pobla schmücken die stattlichen Exemplare in archaischer Anmutung die Ebene.

In sa Pobla ist nichts von Tourismus zu spüren – es ist ein verschlafenes Landstädtchen wie so viele andere auch auf Mallorca. Rund um den hübschen Hauptplatz des Örtchens gruppieren sich interessante Herrenhäuser, das Rathaus und die Pfarrkirche Sant Antoni Abat, die dem Schutzheiligen der Haustiere geweiht ist. Besuchenswert ist auch der Sonntagsmarkt, der ein beliebter Treffpunkt ist. Das örtliche Museum zeigt im Untergeschoss zeitgenössische mallorquinische Kunst, während im 1. Stock Spielzeug und Kindheits-Erinnerungen ausgestellt sind. In sa Pobla folgen wir der Beschilderung nach Búger/Llubí. Die Straße führt geradeaus nach Südwesten und fast am Ende der Stadt folgen wir nur noch der Wegweisung nach Búger, das wir auf einer gut ausgebauten Straße schwungvoll erreichen.

Das hübsche Dörfchen, dessen Häuser rund um die auf einem Hügel thronende Pfarrkirche Sant Pere liegen, gehörte zur Zeit der mallorquinischen Könige zur Gemeinde Campanet. Stolz sind die Einheimischen auf die wohl einzige noch erhaltene Mühlenstrasse, die sich hier erstreckt.

Nach Búger fahren wir in Richtung Campanet und erreichen nach knapp zwei Kilometern eine Kreuzung. Dort biegen wir nach links Richtung Inca auf die C 713 ab. Das letzte Ziel auf unserer Tour erreichen wir nach etwa fünf Kilometern. Links hat uns schon eine Weile der Puig de Inca (304 Meter) begleitet. Nun biegen wir die beschilderte Auffahrt zur Ermita de Santa Magdalena nach links ab.

Malerische Ermita

Zunächst ist der Weg gerade; bei den Finca Can Zerpeta biegen wir nach links ab. Wenig später beginnt die Bergstraße, die in zahlreichen Kehren den Berg hinaufführt und in einem terrassenartigen Vorhof endet. Von der Terrasse des Ermita hat man einen herrlichen Rundblick. Heute sind es nur noch wenige Eremiten des hl. Paulus und Antonius in der einfachen Einsiedelei, um Kirche und Gebäude in Ordnung zu halten und Pilger zu betreuen.

Nur knapp drei Kilometer später fahren wir dann schnell auf der C 713 zurück zu unserem Ausgangspunkt Inca.

Nr.	Straße km	Position	Richtung	Information	
17	C 713 3 km	Abzweig Puig de Inca	Inca	gut ausgebaute Straße	C 713 3 km
16	- 3 km	Abzweig Puig de Inca		Abstecher: Bergstraße mit Serpentinen zur Ermita Santa Magdalena	- 3 km
15	C 713 5 km	Kreuzung Alcúdia / Inca	Inca	nach links Richtung Inca auf die C 713	C 713 5 km
14	- 1,5 km	Büger	Kreuzung Alcúdia / Inca	bis zur Kreuzung Richtung Campanet	- 1,5 km
13	- 4,5 km	sa Pobla	Büger	durch sa Pobla unbedingt der Beschilderung nach Büger folgen, nicht nach Palma; Tankstelle	- 4,5 km
12	PM 220 2,5 km	Kreuzung / Inca / Alcúdia	sa Pobla	über die Kreuzung, Richtung sa Pobla/Muro	PM 220 2,5 km
11	PM 220 11,5 km	Abzweig Ermita	Kreuzung / Inca / Alcúdia	gut ausgebaute Landstraße	PM 220 11,5 km
10	- 2 km	Abzweig Ermita	Puig de Maria	sehr schlechte Straße, aber für geübte Endurofahrer sicher kein Problem	- 2 km
9	PM 220 1 km	Pollença	sa Pobla	von Pollença auf die PM 220, landschaftlich schöne Strecke	PM 220 1 km
8	- 4 km	Abzweig / Cala Sant Vicenç	Cala Sant Vicenç	besonders schöner Badestrand	- 4 km
7	PM 220 1,5 km	Pollença	Port de Pollença	geradeaus, Tankstelle in Pollença	PM 220 1,5 km
6	C 710 19,5 km	Abzweig Lluc	Pollença	auf die C 710 nach links zurück, kurvenreiche Straße	C 710 19,5 km
5	- 1,5 km	Abzweig Lluc	Monestir de Lluc	nach links Richtung Kloster Lluc; Großer Parkplatz	- 1,5 km
4	C 710 1,5 km	Kreuzung Lluc/Söller	Abzweig Lluc	an der Kreuzung rechts	C 710 1,5 km
3	PM 223 10 km	Caimari	Kreuzung Lluc / Söller	ab Caimari geht es ins Gebirge, Bergstraße	PM 2123 10 km
2	PM 223 2,5 km	Selva	Caimari	gut ausgebaute Landstraße	PM 2123 2,5 km
1	PM 223 3,5 km	Inca	Selva	Tankstelle in Inca, gut ausgebaute Landstraße	PM 233 3,5 km

Dieses Roadbook zum Heraustrennen im Anhang

 **INFORMATION**

• **Port de Pollença**
O.I.T.-Büro
Ctra. de Formentor, 31
Tel./Fax 971 86 54 67

 UNTERKUNFT

• **Pollença**
Hotel Cala Sant Vicenç
C/. Maresers, 2, Tel. 971 53 02 50

Hotel Juma
Plaça Major, 9. Tel. 971 53 50 02
familiäres Stadthotel

Santuari auf dem Puig de Maria oberhalb der
Stadt
einfache Zimmer
Tel. 971 53 02 35

• **Port de Pollença**
Hostal Bahia
Passeig Voramar, s/n
direkt am Meer gelegen.
Tel. 971 53 10 93

Hotel Miramar
Passeig Anglada Camarsa, 39
Tel. 971 53 14 00

• **Lluc**
Santuario de Lluc
einfache Klosterzellen
Tel. 971 51 70 25

 ESSEN & TRINKEN

• **Inca**
Celler Can Amer
C/. Pau, 39, Tel. 971 50 12 61
Eine Institution in Sachen mallorquinische
Küche

Restaurant Can Moreno
C/. Gloria, 3, Tel. 971 50 35 20

• **Lluc**
Restaurant sa Fonda
im ehemaligen Refektorium
Tel. 971 51 70 22

Restaurant es Guix
beschildert von der Hauptstraße bei km 21
Tel. 971 51 70 92
nur bis 21 Uhr, im Winter geschlossen

• **Pollença**
Clivia
Avga. Pollentia, 9, Tel. 971 53 36 35

Il Giardino
an der Plaça Major, Tel. 971 53 43 02
Italienische Küche

• **Port d'Alcúdia**
Restaurant Bogavante
C/. Teodore Canet, 2, Tel. 971 54 73 64
Fischgerichte und Meeresfrüchte

 MOTORRADFAHREN

Auch auf unserer dritten Tour empfiehlt es
sich, fürs Gebirge gutes, festes Schuhwerk zu
tragen.
Anfang Mai kommt es meistens zu heftigen
Regenfällen, die vor allem im Westen zu
erheblichen Temperaturunterschieden gegenüber den Süd- und Nordküsten führen. So ist
es notwendig, auch Regenkleidung bei diesen Touren mit sich zu führen.
Die engen, kurvenreichen Straßen erfordern
erhöhte Aufmerksamkeit und überdurch-
schnittliches Fahrkönnen. Zum Teil müssen
auf wenigen Kilometern Strecke Höhenunter-
schiede von mehreren hundert Metern
bewältigt werden.

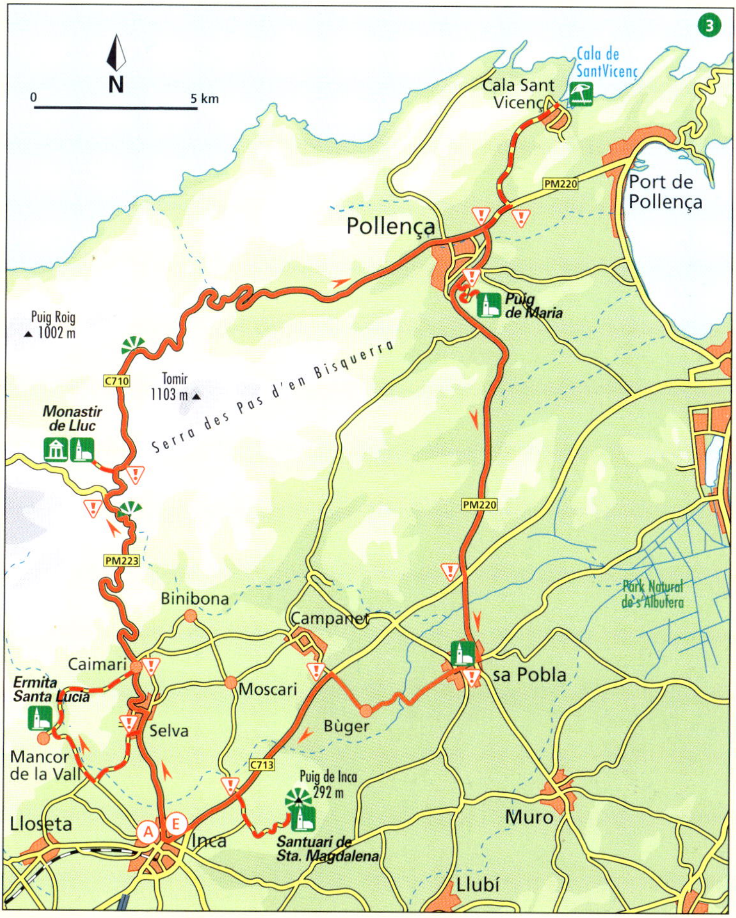

SEHENSWÜRDIGKEITEN

• Pollença

Pont Romá an der nördlichen Ortseinfahrt (Straße Richtung Lluc

Museu de Pollença
Öffnungszeiten: Di/Do/Sa 10–12 Uhr

• Lluc

Santuari de Lluc
Öffnungszeiten: täglich 10–17.30 Uhr, Messe So 11 Uhr, der Kinderchor (blavets) singt täglich um 11.15 Uhr. Festa litúrgica de la Mare de Déu de Lluc am 12. September.

Museu de Lluc
Öffnungszeiten: täglich 10–17 Uhr

Felsige Küsten, weite Strände

Entspannt im Hier und Jetzt fahren wir an Windmühlen vorbei zu traumhaften Buchten und pittoresken Hafenorten. Schwungvolle Kurven begleiten uns zu Ferienorten, die britisches Understatement und mallorquinische Tradition gelassen vereinen.

Coves führen uns ins Innere Mallorcas

Energiegeladen starten wir in Selva in Richtung Moscari/Campanet und geben uns einer schwungvollen Straße nach Campanet hin, die durch reizende Dörfer und eine ansprechende Landschaft führt.

Die Coves de Campanet künden bereits eine Attraktion an. Eine steile Treppenanlage, die mit Palmen und Blumenschmuck dekoriert ist, führt uns zur Tropfsteinhöhle. Dieses Zauberreich der Natur wurde erst 1945 entdeckt und führt uns 1300

Eldorado für jeden Segel- und Motorbootfreund – der Yachthafen von Alcúdia.

NÖRDLICHES MALLORCA

53

Meter in das dunkle Innere der Insel. Die Zeit bleibt stehen, als wir an bizarren Gebilden aus Kalkstein ehrfurchtsvoll vorbeihuschen. Nach dem 45-minütigem Rundgang werden wir vom grellen und warmen Licht am Ausgang wieder eingefangen.

Nach der Besichtigung der Höhle fahren wir zuerst Richtung sa Pobla bis zur C 713, dort vertrauen wir uns den harmonischen Kurven der PM 220 in Richtung Pollença/Alcúdia an.

Auf der breiten, gut ausgebauten Strecke können wir die Landschaft in vollen Zügen genießen. Mit jedem Kilometer kommen wir den Bergen und Pollença näher. Kurz vor Pollença passieren wir die Auffahrt zum Puig de Maria und schweben vorbei an den ersten Häusern. Pollenças hinunter in den Hafenort Port de Pollença.

Am nördlichsten Punkt der Insel

Mit ca. 1500 Einwohnern liegt der Tourismusort Port de Pollença am Nordrand der Badia de Pollença. Der Hafen wirkt wie ein englisches Seebad, jedoch mit mediterranem Flair. Damit deutet sich schon an, warum die angelsächsischen Urlauber sich hier besonders wohlfühlen. Die Strandzeile hat sich eine gewisse mondäne Eleganz vergangener Zeiten bewahrt. Nördlich des Hafens beginnt die Fußgängerzone mit zahlreichen Hotels, Restaurants und Geschäften.

Breite Straßen und Palmen lassen uns die Strandpromenade genießen.

Die blumengeschmückte Strandpromenade mit Palmen und Pinien ist wohl eine der schönsten der ganzen Insel. Im Ortszentrum von Port de Pollença weist uns ein Schild den Weg zum Cap de Formentor.

Am Ende der Insel: Cap de Formentor

Ein unbedingtes Muss ist unser Ausflug zum Cap de Formentor. Eine beeindruckende Kurvenstraße führt hinter Port de Pollença in nordwestlicher Richtung an einem Militärgelände vorbei aufwärts zum Kap. Durch das karstige Gebirge fahren wir ca. acht Kilometer zum Aussichtspunkt Mirador del Colomer, der in schwindelerregender Höhe senkrecht zum Meer hin abfällt. Zwei wunderschöne Buchten laden zum Baden ein: An der Südküste die Cala Pi de la Posada (beim Hotel Formentor), die auch mit Ausflugsbooten vom Port de Pollença zu erreichen ist, und die Cala Figuera im Norden. Beschützt von den nordöstlichsten Ausläufern der Serra de Tramuntana, offenbart sich eine stille Landschaft.

Zum nördlichsten Punkt der Insel Mallorca führt uns unsere Maschine.

Die Straße zum Kap führt weiter ansteigend 12 Kilometer durch teils karstige Landschaft, teils durch Kiefernwälder. Kurz vor Erreichen der nördlichsten Spitze Mallorcas fahren wir durch einen Tunnel, der uns durch den 334 Meter hohen Berg Fumat führt. Beeindruckend ist das Nordkap mit dem Leuchtturm. Beim Blick hinab, 240 Meter in die Tiefe, schrumpfen selbst stattliche Yachten zu Spielzeugbooten. Der Leuchtturm selbst und seine Plattform sind nicht zugänglich. Ein Kiosk bietet zu stolzen Preisen Eis, Getränke und Süßigkeiten an.

Badestrände, so weit das Auge reicht

Zurück am Yachthafen von Port de Pollença fahren wir entlang der Badia de Pollença auf der PM 222 Richtung Alcúdia. An zwar schmalem Strand kann man sich hier in glitzerndem Wasser erfrischen, das sich in sanften Wellen an die Küste wirft. Nach einem wohltuenden Erfrischungsbad begleitet uns der Strandausläufer linker Hand bis zur Abfahrt nach Alcúdia. Der kleine Ort Alcúdia ist so reich an antiken Bauwerken, dass das spanische Erziehungs- und Wissenschafts-

Die Halbinsel Victòria bietet sich zu unbeschwerten Badefreuden an.

ministerium kurzerhand dem ganzen Ort das Prädikat »historisch-künstlerischer Komplex« verlieh. Der heutige Ortsname ist arabischen Ursprungs. Die Araber, die in der großen Bucht gelandet waren, gründeten auf den Resten des römischen »Pollentia« eine neue Siedlung, die sie »Stadt auf dem Hügel« nannten. Die Porta de Xara ist der einzige heute noch erhaltene Teil der ersten Stadtmauer aus dem Jahre 1298. Weitere Teile wurden im 17. Jahrhundert erneuert. So zum Beispiel auch das Südtor, Porta Sant Sebastià, heute Wahrzeichen des Städtchens.

Zu empfehlen ist die Fahrt Richtung Cap de Pinar und der schöne Rundblick auf die Badia de Pollença und das Cap de Formentor. In Richtung Mal Pas führt uns die Stadtstraße östlich aus Alcúdia hinaus. Nach Mal Pas läuft das idyllische Nebensträßchen hoch oben an der Küste der Halbinsel entlang. Nach sechs Kilometern erreichen wir die 140 Meter hoch liegende Ermita de la Victòria aus dem Jahre 1256, die uns einen traumhaften Ausblick gewährt. Am Parkplatz der Einsiedelei befindet sich auch das schöne Restaurant Mirador de la Victòria. Hier endet die Erkundungstour mit dem Motorrad, denn das militärische Sperrgebiet verwehrt uns weitere Erfoschungen. Also geht es zurück nach Alcúdia.

Dort besuchen wir das römische Amphitheater, das zwischen Alcúdia und Port de Alcúdia an das römische »Pollentia« erinnert. Seit 1952 wurden die rückwärtige Fassade, die halbrunde Bühne und einige der kreisförmig angeordneten Zuschauerränge freigelegt. Im Museu Monográfico de Pollentia befindet sich eine reichhaltige Sammlung von Fundstücken aus römischer Zeit. Die meditative Stille um Alcúdia wird in Port de Alcúdia vom Trubel gutgelaunter Menschen vertrieben. Hier wird das totale Ferienvergnügen großgeschieben. Die ehemalige Atmosphäre der früheren Fischersiedlung kann man nur mit viel Fantasie erahnen, denn Hotels, Einkaufs- und Vergnügungsviertel ziehen sich entlang des Sandstrandes der Badia d´Alcúdia und verschmelzen sich fast mit den Bauten von Can Picafort.

Eines der letzten Feuchtgebiete: s'Albufera

Kurz vor Can Picafort befindet sich rechts der Eingang zu einem der größten Naturschutzgebiete Mallorcas: s'Albufera. Im Jahre 1988 wurde die Albufera unter Naturschutz gestellt. Mit etwas Glück können hier an die 200 Vogelarten beobachtet werden und sie zieht mit dieser Artenvielfalt Birdwatcher aus der ganzen Welt an.

Nach 6 Kilometern biegen wir nach rechts ab in das 5,5 Kilometer entfernte sa Pobla. Von hier aus fahren wir auf der C 713 zum altertümlichen Ort Campanet.

Das bescheidene Bauerndorf liegt malerisch auf einem kleinen Hügel abseits der großen Verkehrsstraßen. Die dortige Pfarrkirche Sant Miguel aus dem frühen 18. Jahrhundert birgt die Reliquien des heiligen Victorianus.

Von Campanet fahren wir nach Selva zum Ausgangspunkt unserer Tour.

Nr.	Straße km	Position	Richtung	Information		
17	5,5 km	Campanet	Selva	kleine Landstraße nach Selva		5,5 km
16	2 km	Abzweig	Campanet	kleine Landstraße, Tankstelle in Campanet		2 km
15	C 713 2,5 km	Kreuzung C 713	Abzweig	gut ausgebaute schnelle Hauptstraße; links in Richtung Inca		C 713 2,5 km
14	3 km	sa Pobla	Kreuzung C 713	Landstraße bis zur Kreuzung C 713 Inca/ Alcúdia		3 km
13	5,5 km	Weggabelung	sa Pobla	Tankstelle in sa Pobla		5,5 km
12	6 km	Kreuzung / sa Pobla/Muro	Weggabelung	Landstraße Richtung sa Pobla/Muro		6 km
11	C 712 9,5 km	Port d'Alcúdia	Kreuzung / sa Pobla / Muro	gut ausgebaute Landstraße an der Küste der Badia d'Alcúdia bis zur Kreuzung sa Pobla/ Muro; Naturschutzgebiet s Albufera		C 712 9,5 km
10	9,5 km	Port d'Alcúdia	Ermita de la Victòria	Abstecher: kleine, kurvenreiche Straße zur Ermita de la Victòria; Restaurant, Parkplatz		9,5 km
9	2 km	Alcúdia	Port d'Alcúdia	Stadtstraße, Tankstelle in Alcúdia, römische Ausgrabungen, Stadttor		2 km
8	PM 222 9 km	Port de Pollença	Alcúdia	Küstenstraße an der Badia de Pollença entlang, viele Hotels		PM 222 9 km
7	PM 221 18,5 km	Formentor	A	Abstecher: kurvenreiche Straße zum nördlichsten Kap, super Aussicht, Kiosk		PM 221 18,5 km
6	PM 220 5 km	Port de Pollença	Formentor	schöne Lanstraße, Tankstelle in Port de Pollença, viele Restaurants und Hotels		PM 220 5 km
5	PM 220 13 km	Pollença	Port de Pollença	schöne Landstraße, Tankstelle in Pollença		PM 220 13 km
4	C 713 2,5 km	Kreuzung / C 713 / PM 220	Pollença	Landstraße C 713 bis zur Kreuzung, dort auf die PM 220 Richtung Pollença		C 713 2,5 km
3	3,5 km	Coves de Campanet	Kreuzung / C 713 / Inca / Alcúdia	bequeme Straße bis zur Kreuzung, dort auf die C 713 Richtung Alcúdia		3,5 km
2	2 km	Campanet	Coves de Campanet	vor Campanet links der Wegweisung zu den Cuevas folgen; großer Parkplatz, Coves de Campanet		2 km
1	5,5 km	Selva	Campanet	schöne bequeme Straße		5,5 km

Dieses Roadbook zum Heraustrennen im Anhang

 **INFORMATION**

• Port d' Alcúdia
O.I.T.-Büro
C/. dels Mariners
Tel. 971 89 26 15

• Can Picafort
O.I.T.-Büro
C/. Gabriel Roca, 6
Tel. 971 85 03 10, Fax 971 85 18 36

 **UNTERKUNFT**

• Port d'Alcúdia
Hotel Mal Pas
in der Nähe des Jachthafens
mehrere kleine Gebäude in einem Pinienwald
Tel. 971 54 51 43

• Can Picafort
Campingplatz, direkt neben der Hauptstraße
Tel. 971 53 78 63

 ESSEN & TRINKEN

• Inca
Celler Can Amer
C/. Pau, 39
Tel. 971 50 12 61
Eine Institution in Sachen mallorquinische Küche

Restaurant Can Moreno
C/. Gloria, 3
Tel. 971 50 35 20

• Alcúdia
Can Costa
C/. Sant Vicenç, 14
Tel. 971 54 53 94
Die beste Adresse in Alcúdia, daneben ein Bistró für den kleinen Hunger.

• Pollença
Clivia
Avga. Pollentia, 9
Tel. 971 53 36 35

Il Giardino
an der Plaça Major
Tel. 971 53 43 02
Italienische Küche

• Port d´Alcúdia
Restaurant Bogavante
C/. Teodore Canet, 2
Tel. 971 54 73 64
Fischgerichte und Meeresfrüchte

Meson los Patos
an der Küstenstraße Richtung Pollença bei km 8,9
Tel. 971 89 02 65
Aalspezialitäten

 MOTORRADFAHREN

Auf dieser Route finden sich viele Plätze zum Baden und Rasten. Hier den Sonnenschutz und die nötigen Badeutensilien nicht vergessen, da ab und zu eine Abkühlung notwendig wird. Die Strecke ist allgemein einfach zu befahren. Nur zum Cap Formentor und Cap de Pinar etwas steil und kurvig.

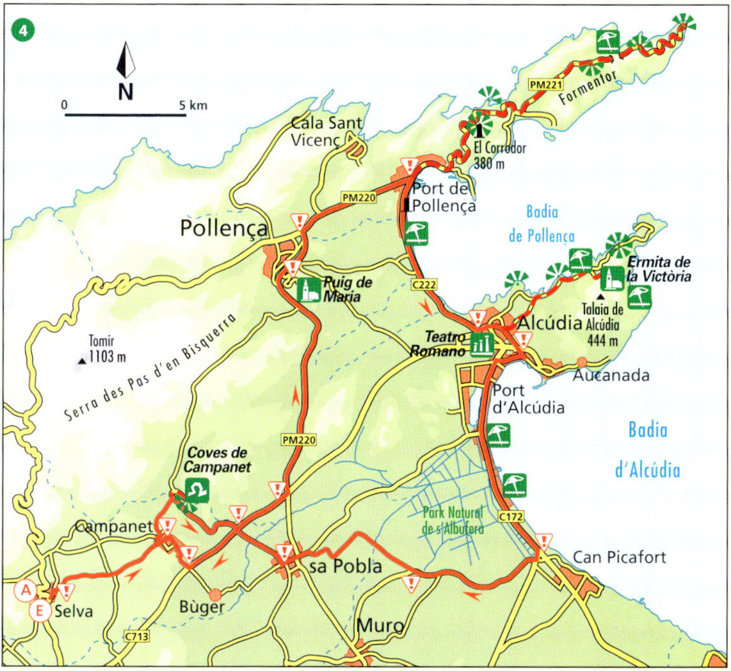

SEHENSWÜRDIGKEITEN

• **Campanet**
Coves de Campanet
Öffnungszeiten: täglich 10–17 Uhr
Rundgang 45 Minuten (ca. 1,3 km)

• **Alcúdia**
Historische Altstadt mit Resten der Stadtmauer und erhgaltenen Stadttoren

Römisches Amphietheater
südlich der Stadt (immer zugänglich)

Römische Ausgrabungen und
Museu Monográfico de Pollentia
Öffnungszeiten: Di–Fr 10–13.30 Uhr und
17–19 Uhr, Sa/So 10.30–13 Uhr

Ausflug zu den Heilig- tümern

Vor der Kulisse der Serra de Tramuntana geht es durch sanfte Hügelketten in die Zentralebene, von den Einheimischen »es Pla« genannt. Olivenbäume, Dorfkirchen und Einsiedeleien setzen stille Farbtupfer in die weite Landschaft und bremsen den schnurrenden Verlauf der Straße.

Inca – Stadt des Leders und der Weinkeller

Beginn unserer Tour ist Inca, mit mehr als 23.000 Einwohnern die drittgrößte Stadt Mallorcas. Sie ist ein landwirtschaftliches und industrielles Zentrum. Vor allem die Schuh- und Lederindustrie ist ein wichtiger Wirtschaftsfaktor. Bereits die Römer bauten hier eine Siedlung zwischen der Straßenverbindung Palma und Alcúdia. Dennoch ist der Name Inca vermutlich von dem arabischen Namen »hinka« (= Berghang) abgeleitet. Um 1561 war die Stadt sogar die zweit-

Im milden Klima der Insel gedeihen viele exotische Pflanzen.

größte auf der Insel. Leider ist die Stadt durch ihre Größe unfreundlich und unpersönlich geworden. Außer den zahlreichen Cellers (Weinkeller), in denen man zwischen alten, riesengroßen Fässern Wein und Spezia-

Durch das ländliche Gebiet der Inselebene es Pla führt die Straße auch an einer Schweinezucht vorbei.

litäten zünftig genießen kann, hat die Stadt nur die Pfarrkirche Santa Maria la Major mit ihrem freistehenden Glockenturm zu bieten. Sie stammt vermutlich aus dem 13. Jahrhundert und ist aus einer maurischen Moschee hervorgegangen.

Im landwirtschaftlichen Zentrum der Insel

Wir rauschen auf der PM 344 in Richtung Llubí durch stille Fluchten, die einen Wandel von Natur- und Dorfidyllen mit sich tragen. Der Klosterberg Puig de Inca setzt ein aufragendes Zeichen in diesen Landstrich mit der Ermita de Santa Magdalena, in der man auch übernachten kann. Harmonisch führt uns die Straße nach Llubí, dort markiert die Pfarrkirche Sant Feliu ein weiteres Ausrufezeichen in den Himmel. Das stille kleine Landstädtchen lebt zum großen Teil vom Kapernanbau, dessen reiche Ernte die Stadt der fruchtbaren Umgebung zu verdanken hat. Am Fuße des Hügels umkreisen wir die Stadt südlich, bis uns die Maschine auf die Straße PM 344 in Richtung Muro/Sta. Margalida führt.

Ort der Einkehr

Zuvor können wir auf einer Anhöhe die kleine Ermita del Sant Crist del Remei besuchen. Die schön restaurierte kleine Einsiedelei liegt idyllisch inmitten eines Palmenhains und bie-tet sich als Ort der Einkehr und der Rast bestens an. Wir nehmen es dankbar an und genießen die Abgeschiedenheit unter den wehenden Palmenwipfel.

Nach dieser kleinen Rast fahren wir zurück an die Gabelung des Ortsendes von Llubí und von dortaus weiter in Richtung sa Pobla/Muro. Erst nachdem wir auf der PM 350 Richtung Muro sind, verändert sich dieser Landstrich. Wir fahren – vorbei an wogenden Getreidefeldern, deren sattes Gelb mit dem grellen Farbenspiel der Sonne und dem goldenen Ton der Ähren konkurriert – hoch nach Muro. Die Stadt befindet sich südlich des fruchtbaren Landstriches sa Marjal. Muro ist eine sehr alte Siedlung und wurde vermutlich schon von den Römern gegründet. Während der Araberzeit lag hier ein Landgut. Erwähnenswert ist auch die Pfarrkirche Sant Joan Bautista aus dem 13. Jahrhundert, die um 1570 durch ein neues Gotteshaus mit ihrer heutigen typischen Arkadenfront ersetzt wurde. Hauptattraktion des Ortes ist das im Stadtzentrum gelegene Museu Etnològic. Die umfangreiche Sammlung ist in einem alten Herrenhaus untergebracht und umfasst neben Handwerkszeug, landwirtschaftlichen Geräten und Keramik auch eine alte Apotheke. Ein Besuch ist auf jeden Fall lohnenswert. Im ersten Stock ist eine aus der Ortschaft sa Cabaneta stammende Siurell-Sammlung aus den Jahren 1950 bis 1965 ausgestellt. Eine weitere interessante Abteilung beschäftigt sich mit der einst florierenden Löffelindustrie der nahe gelegenen Ortschaft Búger.

In Petra, dem Geburtsort des Gründers von San Francisco, findet man an den Hauswänden diese Erinnerungstafeln.

Abstecher zu einer Retorten-Siedlung am Meer

Von Muro/centre ist es ganz wichtig, sich immer an die Beschilderung nach Can Picafort zu halten. Etwas außerhalb der Ortschaft kommen wir an einen Ringverkehr, den wir in Richtung Can Picafort verlassen. Die Straße von Muro nach Can Picafort verläuft eben und ist sehr gut ausgebaut. Links und rechts der Straße erstrecken sich weite Felder, die früher

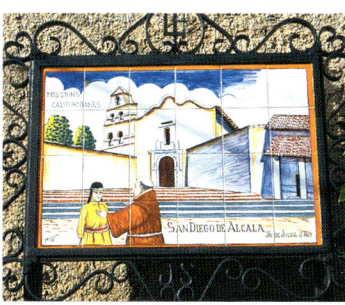

mittels Windmühlen bewässert wurden. Jetzt werden in dieser fruchtbaren Erde Erdbeeren, Salat, Gemüse und verschiedene Getreidesorten angebaut, deren Farbtupfer auf unserer Weiterfahrt nach Can Picafort an uns vorbeirauschen.

Nach dem Kreisen durch den Ringverkehr auf der C 712 erreichen wir das Touristenzentrum Can Picafort.

Der Ort ist ein ausgedehntes Feriengebiet und Sportzentrum in Mallorcas Nordosten. Leider haben sich hier Spekulanten besonders ausgetobt. Bereits der piniengeschmückte Eingang von Can Picafort ist in Parzellen eingeteilt.

Die aus dem 13. Jahrhundert stammende Pfarrkirche von Santa Margalida thront auf dem höchsten Punkt des Ortes.

Mehrere Stichstraßen führen zwischen Hotelburgen zur Strandpromenade. Dort findet man ein Gewirr von Lokalen, Läden und »Spielhöllen« aller Art. Der Hauptstrand Platja de Santa Margalida ist kinderfreundlich flach abfallend und gut ausgestattet, aber nicht immer gepflegt. In der Nähe des Ortes laden zwei Kartbahnen zum Austoben ein, wo jeder seine Kurventauglichkeit für unsere Bergstrecken testen kann.

Zurück zum Mittelpunkt der Insel

Vom Meer aus fahren wir auf die C 712 Richtung Artà bis zum nächsten Ringverkehr. Dort nehmen wir die Ausfahrt Santa Margalida und erreichen nach ca. fünf Kilometern die breite und gut ausgebaute PM 341, auf der wir zügig nach Santa Margalida weiterfahren.

Als wir uns nach fünf Kilometern dem Ort nähern, sehen wir schon die Pfarrkirche aus dem 13. Jahrhundert vor uns liegen. Sie steht an der höchsten Stelle des Osthügels und wir haben eine wunderschöne Aussicht nach Norden und Westen. Der freundliche Ort liegt auch etwas erhöht über dem fruchtbaren Land an einer Stelle, die bereits im Altertum besiedelt war.

Nach Santa Margalida fahren wir auf der PM 334 nach Petra, und begeben uns damit tiefer hinein in das Herz der Zentralebene. Schwungvoll dringen wir bis zu dem ausgedehnten Ort Maria de la Salut vor, der sich mit seiner weithin sichtbaren, großen Pfarrkirche Nostra Senyora de la Salut entgegenstellt.

Danach geht es rodeo-like auf einer hügeligen Straße links nach Ariany. Dort liegt, von der Welt vergessen, ein kleiner, wunderschöner Garten auf dem Kirchhügel. Die stimmungsvolle Atmosphäre vollendet der Pfarrhof hinter der Kirche mit seinen Palmen und den fast haushohen Kakteen.

Ariany

Vom Zentrum Arianys orientieren wir uns jetzt nach den Schildern des Ortes Petra. Ungefähr einen Kilometer weit fahren wir auf einer sehr kleinen Landstraße, dann biegen wir wieder nach links auf die PM 334 ab. Hier empfiehlt es sich, genau der Beschilderung nach Petra/centre zu folgen.

Der über 4500 zählende sympathische Marktflecken Petra liegt in der östlichen Ebene der Insel am Fuße des berühmten Klosterberges Bonany. Petra war schon während der arabischen Herrschaft bekannt, der Name wurde aus dem Lateinischen »petra« (= Stein)

NORDÖSTLICHES MALLORCA

übernommen. Einer der berühmtesten Männer Mallorcas kommt aus Petra. José Miguel erblickte am 24. November 1713 das Licht der Welt. Er gündete später als Franziskaner Fra Junipero Serra insgesamt 24 Missionsstationen und Klöster in der neuen Welt Amerika. Unweit einer dieser Missionen erwuchs die Weltstadt San Francisco in Kalifornien/ USA. Sehenswert ist außer der Pfarrkirche Sant Pere und dem Konvent Sant Bernardí das Geburtshaus des berühmten Franziskanermönchs mit dem ihm gewidmeten Museum.

Ein Ausflug zum Klosterberg Bonany sollte man nicht verpassen. Südlich aus dem Ort Petra heraus, auf der PM 331, finden wir entsprechende Wegweiser zur Ermita de N. S. de Bonany (317 Meter). Die zunächst langsam ansteigende Zufahrtstraße zieht sich durch Obstbaumplantagen und Schafweiden, umgeben und gleichsam beschützt von den typischen Steinmäuerchen, die die Anbauflächen begrenzen. Nach unzähligen Kehren und einer kurvigen Straße, die mit schlechtem Fahrbahnbelag aufwartet, erreichen wir den Parkplatz neben der Ermita. Die große Terrasse bietet uns einen herrlichen Panoramablick bis Petra. Von hier aus führt auch die kurze Palmenallee zum Klostergebäude. Eine Legende erzählt, von dem Bild »Mare de Deú de Bonany«, der lieblichen bäuerlichen Madonna mit dem schelmisch lächelnden Jesusknaben aus dem 8. Jahrhundert.

Markttag in Sineu

Zurück in Petra/centre folgen wir nun den Ortsschildern zum 10,5 Kilometer entfernten Sineu. Auf einer landschaftlich sehr schönen Strecke fahren wir auf der PM 330. Sineu liegt fast im Mittelpunkt der Insel und bildet durch das fruchtbare Umland einen wichtigen Marktflecken. Zur Zeit der Araber gehörte die Siedlung zu den bedeutendsten Orten der Insel und unter Jaume II. wurde sie Sommerresidenz. An der Plaça, in der Ortsmitte, steht die Pfarrkirche Santa Maria aus dem 13. Jahrhundert. Vor der Kirchenfassade steht der berühmte geflügelte Löwe, das Wahrzeichen der Stadt, der dem Stadtpatron Markus gewidmet ist. Seit dem Mittelalter ist am Mittwoch in Sineu Markttag. So ist auch heute noch die

Innenstadt am Mittwoch mit buntem Markttreiben belebt. Sogar Touristenbusse finden in die schmalen und winkligen Gässchen der Stadt. Angeboten wird alles, vom Gemüse über Hühner und Schafe bis zu Eseln und kleineren Landmaschinen. Zu einem mallorquinischen Markt gehört auch ein deftiges Mittagessen, das uns im Ortskern in einem der alten Weinkeller (Cellers) serviert wird.

Gut gestärkt beginnen wir den letzten Abschnitt unserer Tour. Auf einer Landstraße, die sich wie eine Schnur durchs Land zieht, geht es jetzt bis in den Ortskern des altertümlichen Landstädtchens Sencelles.

Die anmutige Ortschaft liegt auf einer kleinen Anhöhe und hat nur 2000 Seelen, die jedoch stolz um Beachtung ihrer Pfarrkirche Sant Pere bitten, die aus dem 13. Jh. stammt. Nach 11 km über die PM 312 erreichen wir auf einer sehr gut ausgebauten, aber kurvigen Strecke unseren Ausgangspunkt Inca.

Nr.	Straße km	Position	Richtung	Information	Straße km
17	PM 312 / 10 km	Sencelles	Inca	gut ausgebaute Nebenstraße	PM 312 / 10 km
16	PM 314 / 5 km	Kreuzung / PM 314	Sencelles / Inca	an der Kreuzung links Richtung Sencelles / Inca abbiegen; gute, landschaftlich schöne Nebenstraße	PM 314 / 5 km
15	- / 7 km	Sineu	Kreuzung / PM 314	Tankstelle in Sineu, Tiermarkt in Sineu sehr interessant	- / 7 km
14	PM 330 / 10,5 km	Petra	Sineu	sehr schöne Nebenstraße, Tankstelle in Petra	PM 330 / 10,5 km
13	- / 4 km	Petra	Ermita de N.S. Bonany A	zwischen Steinmauern führt der kurvige Weg nach oben, schlechter Fahrbahnbelag	- / 4 km
12	PM 334 / 5,5 km	Petra	Felanitx	schöne Nebenstrecke, Museum in Petra sehenswert	PM 344 / 5,5 km
11	- / 2,5 km	Ariany	Sineu / Petra	kleine Nebenstraße mit schönen Ausblicken	- / 2,5 km
10	PM 334 / 6 km	Maria de la Salut	Sineu / Petra	gut ausgebaute Nebenstraße, landschaftlich sehr reizvoll	PM 334 / 6 km
9	PM 341 / 9,5 km	Santa Margalida	Sineu	gut ausgebaute Hauptstraße	PM 341 / 9,5 km
8	PM 341 / 2 km	Ringverkehr / Can Picafort	Santa Margalida / Petra	im Ring Richtung Santa Margalida / Petra ausfahren; Hauptstraße, schneller Verkehr	PM 341 / 2 km
7	C 712 / 4 km	Can Picafort	Artà	Küstenstraße mit viel Touristenverkehr	C 712 / 4 km
6	- / 10,5 km	Muro	Can Picafort	gut ausgebaute Nebenstraße	- / 10,5 km
5	350 / 7,5 km	Llubi / Ortsende	sa Pobla / Muro	nach rechts Richtung sa Pobla / Muro fahren; Tankstelle in Muro, Eisenbahnstrecke	350 / 7,5 km
4	- / 4 km	Llubi / Ortsende	Ermita del Sant Crist del Remei A	Abstecher: schmale Nebenstraße, gut beschildert; Parkplatz	PM 211 / 4 km
3	- / 4 km	Llubi / Ortsumgehung	Llubi / Ortsende	Tankstelle in Llubi	- / 1 km
2	PM 344 / 4 km	Kreuzung PM 344 / 350	Llubi	geradeaus über die Kreuzung nach Llubi	PM 344 / 4 km
1	PM 344 / 4 km	Inca	Llubi / Muro	bis zur Kreuzung PM 344 / 350, schöne bequeme Hauptstraße, Tankstelle bei Inca	PM 344 / 4 km

Dieses Roadbook zum Heraustrennen im Anhang

NORDÖSTLICHES MALLORCA

INFORMATION

• **Can Picafort**
O.I.T.-Büro
C/. Gabriel Roca, 6
Tel. 971 85 03 10, Fax 971 85 18 36

 UNTERKUNFT

• **Can Picafort**
Hotel Sol
Avga. Jaume I.
Tel. 971 85 02 21

Campingplatz,
direkt neben der Hauptstraße
Tel. 971 53 78 63

ESSEN & TRINKEN

• **Inca**
Celler Can Amer
C/. Pau, 39
Tel. 971 50 12 61
Eine Institution in Sachen mallorquinische
Küche

Restaurant Can Moreno
C/. Gloria, 3
Tel. 971 50 35 20

• **Petra**
es Celler
C/. de l'Hospital, 46
Tel. 56 10 56

• **Sineu**
Moli d'en Pau
Ctra. Santa Margarita, 25
gleich neben der Hauptstraße Inca –
Manacor
Tel. 971 85 51 16
Hervorragende Inselküche in einer alten
Mühle

*Eingelegtes und Frisches bietet
der bekannte Tiermarkt von Sineu.
Jeden Mittwoch ist er Anziehungs-
punkt für viele Touristen.*

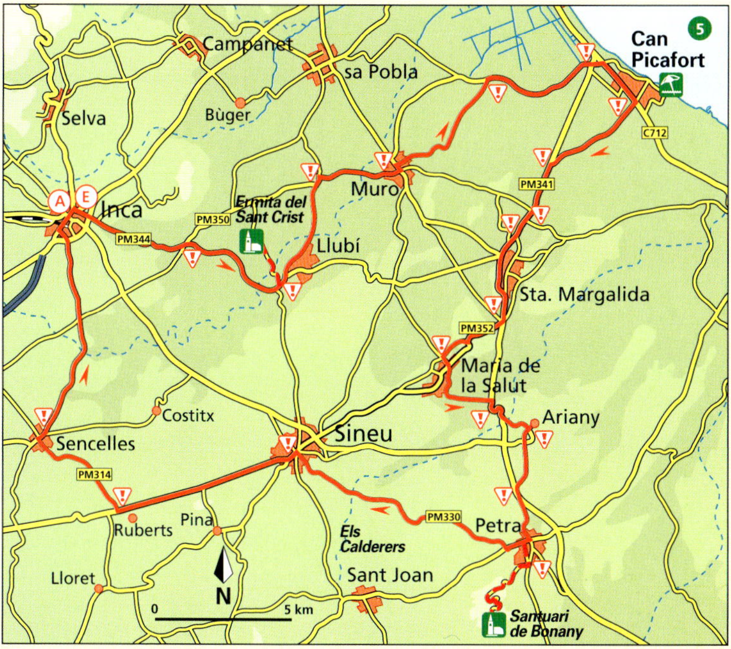

MOTORRADFAHREN

Die Straßen auf dieser Tour sind ohne Schwierigkeiten gut zu befahren. In den Touristengebieten ist mit verstärktem Badebetrieb zu rechnen.

SEHENSWÜRDIGKEITEN

• **Inca**
Markt am Donnerstag (vormittags)

Dijous Bo (»fetter Donnerstag«): Die größte Landwirtschaftsmesse Mallorcas mit Jahrmarkt und Volksfest Anfang November

• **Muro**
Museu de Mallorca, Secció Etnològica
C/. Major, 15
Öffnungszeiten: Di–Sa 10–14 und 16–19 Uhr,
So 10–14 Uhr

• **Sineu**
Pfarrkirche mit Löwendenkmal
Markt am Mittwoch (vormittags)

Galeria s'Estació im alten Bahnhof
C/. Estació, 2
Tel. 971 52 07 50
Zeitgenössische Kunst

Knoblauch und Perlen

Herausfordernde Serpentinen und schwungvolle Kurven führen uns durch einen abwechslungsreichen Landstrich, in dem sich reizvolle Kleinode wie auf einer Perlenschnur aufgereiht präsentieren. Zauberhafte Ausblicke und spektakuläre Straßenführungen vollenden diese Tour.

Aprikosen, Nüsse, Oliven – wie im Paradies

Die Tour beginnt viel verspre-chend von Llucmajor in östlicher Richtung. Im Dreiviertel-Takt swingen wir durch die lang gezogenen Kurven der PM 502 in Richtung Porreres. Mauern aus Naturstein rahmen die Straße, die sich an die sanften Hügelketten schmiegt und durch lichte Kiefernwälder führt.

Wir schnurren in Richtung Monti-Sion dahin und langsam drängt sich das Santuari de Monti-Sion in unseren Blick, um uns zu einem ersten Abstecher zu verleiten.

Zahlreiche Läden mit frischem Obst und Gemüse begleiten uns auf der Fahrt durch Vilafranca de Bonany.

MALLORCAS INLAND

71

Kloster mit Panoramablick

Eine kleine Stichstraße geht ziemlich steil und kurvig nach oben, aber von dort können wir einen traumhaften Blick zum Meer sowie nach Santanyí, Campos, Felanitx und Manacor werfen. Der Bergweg mündet in einen Vorplatz mit Portal und Treppenaufgang zum Innenhof des Klosters. Schon 1348 wurde auf dem abgerundeten Hügel 254 Meter über dem Meeresspiegel das erste kleine Gebetshaus errichtet.

So wie es hinauf ging, geht es auch wieder hinunter: Kurven, die wir gleichmäßig und rhythmisch nehmen, führen nach uns Porerres. Hinein in den schmucken Ortskern des reizvollen Städtchens, das inmitten von Weingärten und Aprikosenplantagen liegt. Die stattliche Pfarrkirche Nuestra Señora de la Consolación wurde im 17. Jahrhundert auf den Resten eines Vorgängerbaus aus dem Jahr 1249 gebaut. Das Kircheninnere ist reich verziert mit Kunstwerken und Deckenmalereien. In den Seitenkapellen sind Majolikabilder ausgestellt.

An der Pfarrkirche Nostra Senyora de la Consolació führt uns die Beschilderung nach Montuïri. Diese Etappe ist, bis wir an die Kreuzung der C 715 kommen, knapp sieben Kilometer lang.

Inmitten des Pla liegt auf einem Hügel der kleine malerische Ort Muntuïri, der eine der ältesten Siedlungen von Mallorca ist. Sehenswert ist in dem kleinen Landstädtchen die Pfarrkirche Sant Bartolomeu aus dem 13. Jahrhundert. Der weißliche kalkhaltige Boden um Montuïri ist bekannt dafür, dass er den Knoblauch bestens gedeihen lässt. Nur wenn am ersten Septembersonntag die Perlhuhnzüchter aus ganz Mallorca bei der »Fira del Perdiu« ihre schönsten Exemplare präsentieren, ist in dem sonst ruhigen Ort die Hölle los.

Von Fincas und Ermitas

So wie sich die Kurven und Spitzkehren aneinander reihen, so führt die Straße von einer Ermita zur nächsten, die sich

am Wegesrand dezent präsentieren. Nach zwei Kilometern
östlich von Montuïri liegt die
Ermita de Sant Miquel. Sie
wurde im 19. Jahrhundert
errichtet und liegt auf einer
Anhöhe mit attraktivem Rundblick in die Ebene. Ein Restaurant mit typisch mallorqini-
scher Küche vergoldet den Aufenthalt.

An der Kreuzung halten wir
uns links Richtung Sant Joan.
Das 2000 Einwohner zählende
Dörfchen liegt 143 Meter hoch.
Die Pfarrkirche Sant Joan Bap-
tista stammt aus den Jahren
1927–1939.

Nach dem Besuch von Sant
Joan führt uns der Weg oberhalb der Ortschaft zum Santuari

de la Mare de Deu de la Consolació. Der kleine Weg ist gut
beschildert. Die kleine Kirche der Ermita ist ein Kleinod und
verdankt ihre stilvolle Restauration und Erhaltung dem Orts-
pfarrer Gabriel Ferriol. Vorhof, Blumen, eine Terrasse, Treppen
mit antikem Belag und schöne Kachelbilder der Kreuzweg-
stationen verleihen diesem Juwel eine Patina herber Schön-
heit.

Das Rathaus von Lluc-major.

Wir fahren zurück nach Sant Joan, um die Finca Els Calde-
rers zu besuchen. Ein kleiner Feldweg führt uns vorbei an
Getreidefeldern zu einem charakteristischen Herrengut der
Ebene Mallorcas.

Els Calderers de Sant Joan – Landadel vor 200 Jahren

Nach der Befreiung Mallorcas von den Mauren durch Jaume I.
im Jahr 1229 wurde die Insel in verschiedene Zonen aufgeteilt, wodurch der Ort Sant Juan dem König zufiel. Dieser

Eine Finca bei Montuïri

Später gehörte der Besitz einem portugiesischen Ritter aus Sant Joan de Verí, der ihn nach dem Schutzpatron seines fernen Heimatortes benannte. Bis zum Ausbruch der Reblausplage im Jahre 1870 widmete sich das Landgut dem Weinanbau. Danach wurde der Betrieb auf Getreideanbau umgestellt. Die Besichtigungstour durch das prachtvoll eingerichtete Hauptgebäude, durch den Weinkeller und die Kapelle lässt uns 200 Jahre in die Vergangenheit reisen. Im großen Getreidespeicher mit den schlanken Säulen sind in enormen Körben mallorquinische Früchte aufbewahrt. In den Nebengebäuden sind die Küche, die Backstube, die Wäscherei, Schreinerei und die Schmiede untergebracht.

Der Begriff »Finca« bezeichnet eigentlich nur ein Stück Land. Heute wird auch das Haus, das darauf steht, so genannt, dabei kann es ein einfaches Bauernhaus in den Bergen sein oder ein imposantes, herrschaftliches Anwesen mit Land- und Viehwirtschaft in der Ebene. Schlemmen vorm Kamin und Träumen im Himmelbett ist hier Programm.

Wir verlassen die Finca els Calderers durch ein altes Tor über einen teils unbefestigten Feldweg und erreichen wieder die Hauptstraße C 715 nach Vilafranca de Bonany. Am Straßenrand tummeln sich zahlreiche bunte Stände, die Obst und Gemüse zu verträglichen Preisen anbieten, sowie kleine Krämerläden, in denen auch Kunsthandwerk angeboten wird, darunter schöne Stickereien mit typisch mallorquinischen Motiven. Jedes Jahr im September wird die Festa des

Meló, das Melonenfest, gefeiert. Kein Wunder, denn Vilafranca ist berühmt für seine honigsüßen Melonen.

Manacor – Perlen, Perlen, Perlen

Wie eine Schnur zieht sich die Straße neun Kilometer bis nach Manacor, der Perlenstadt. Die zweitgrößte Stadt der Balearen, mit mehr als 25.000 Einwohnern, liegt am

Ein gewaltiges Kreuz erhebt sich bei der Ermita de Sant Salvador oberhalb von Felanitx in den blauen Himmel.

östlichen Rand des Pla. Auf dem Stadtwappen von Manacor sieht man eine Hand am Herz, eine Anspielung auf den Ortsnamen »Man-a-Cor«, der »Hand am Herz« bedeutet. Die Stadt ist vor allem bekannt durch die spezielle Herstellung von künstlichen Perlen, den Perlas Majorica, die über die Insel hinaus mit ihrem seidigen Glanz die Herzen der Frauen erobern. Aber auch die Möbelherstellung ist ein wichtiger Industriefaktor der östlichen Metropole. In unzähligen Geschäften kann man die kunstgewerblichen Erzeugnisse der betriebsamen Stadt kaufen. Die Ermita de Sant Salvador erwartet uns bereits, der wir uns auf der südlichen C 714 nähern, die uns an der Serra de Llevant entlang führt.

Castell und Heiligtum

Von der C 714 geht es vor Felanitx weiter in Richtung Portocolom. Zwei mächtige Steinsäulen markieren die Auffahrt zur Ermita de Sant Salvador. Abenteuerliche Serpentinen führen hinauf zur Ermita, deren Kirche rechts emporragt. Ihr gegenüber erhebt sich die Christusstatue sieben Meter in den azurblauen Himmel, der sich mit der dahinterliegenden Küste in der Intensität des Blaus misst.

MALLORCAS INLAND

In südlicher Richtung thront die Ruine des Castell de Santueri, die wir später besuchen werden, auf einem eigenen Berg. Die auf dem 509 Meter hohen Gipfel erbaute Wallfahrtsstätte ist eine der bedeu-

Nach abenteuerlichen Serpentinen erreichen wir die Ermita de Sant Salvador. Von hier aus kann man weit über die Insel blicken.

tendsten der Insel. Bereits im 14. Jahrhundert entstand hier eine erste Andachtsstätte, die seit 1824 von Mönchen betreut wird. Das heutige Gotteshaus stammt aus dem Jahre 1734. Pilger und Besucher werden im Klosterrestaurant verköstigt und können auf Wunsch in einer der dreizehn Klosterzellen übernachten.

Felanitx –
ein Ort für Unternehmungslustige

Serpentinen rauf, Serpentinen runter. Kurvig endet die Straße im beschaulichen Stadtzentrum von Felanitx. Das Städtchen liegt auf vier Hügeln, auf dem früher 25 Windmühlen über ein Jahrhundert lang das Symbol für den Fleiß der Bevölkerung waren. In der heute rund 15.000 Einwohner zählenden Weinstadt haben Handel, Landwirtschaft, Keramik und Glasmanufaktur eine lange Tradition. Felanitx ist keine Stadt, die wie Palma große Denkmäler und prachtvolle Paläste besitzt, doch stolz verweist sie auf ihren berühmten Sohn, den Maler Miquel Barcelo, der 1957 hier geboren wurde.

Nicht weit von Felanitx befindet sich der beliebte Ausflugsort Castell de Santueri, das vermutlich römischen Ursprungs ist und von den Arabern zum Bollwerk ausgebaut wurde. Ab Felanitx folgt man der C 714, von der nach zwei Kilometern eine schlechte Zubringerstraße nach oben führt. Trotz der mühsamen Anfahrt ist der Ausflug zum Berg mit seinen Ruinen lohnenswert, da man von dieser wichtigen Verteidigungsanlage bei günstigem Wetter eine gute Sicht auf die Schwesterinsel Eivissa (Ibiza) hat.

Rasant geht es diesmal auf der PM 512 nach Campos. Eine willkommene Abwechslung nach den vielen Kehren, denn der Fahrtwind verscheucht die heißen Sonnenstrahlen, die auf die Ebene hinunterbrennen. Wir fliegen durch die Ebene, vorbei an Koben mit den berühmten schwarzen Schweinen, die unter Feigenbäumen ein glückliches Leben genießen. Wir wissen es besser, denn im mittelalterlichen Städtchen Campos wird auf dem lebhaften, pittoresken Wochenmarkt Schinken mit dem Etikett »engreixat de figues« (gefüttert mit Feigen) verkauft.

Von Campos fahren wir auf der C 717 Richtung Llucmajor/Palma und beenden unsere Tour nach 14 Kilometern an unserem Startpunkt Llucmajor.

Nr.	Straße km	Position	Richtung	Information	
17	C 717 14 km	Campos	Llucmajor	gut ausgebaute Straße mit viel Verkehr, Tankstelle in Campos	C 717 14 km
16	PM 512 12 km	Felanitx	Campos	landschaftlich schöne Hauptstraße	PM 512 12 km
15	- 8 km	Castell de Santueri	A	schmale, steinige und kurvige Straße zum Castell de Santueri, viele Schlaglöcher und oft ausgebessert	8 km
14	PM 512 1 km	Felanitx	Campos / Santanyí	durch Felanitx der Beschilderung Richtung Campos / Santanyí folgen, noch in der Stadt zweigt die C 714 ab	PM 512 1 km
13	- 4 km	Santuari de Sant Salvador	A	die Abzweigung erkennt man an zwei Steinsäulen rechts nach 2 km, viele Serpentinen, schmale Straße bergauf	- 4 km
12	PM 401 2 km	Felanitx	Portocolom	Abstecher: von Felanitx Richtung Portocolom PM 401 folgen	PM 401 2 km
11	C 714 13 km	Manacor	Felanitx	in Manacor der Wegweisung nach Felanitx C 714 folgen, Tankstelle in Felanitx, gut ausgebaute, schöne Hauptstraße	C 714 13 km
10	C 715 9 km	Villafranca de Bonany	Manacor	viel befahrene Hauptstraße	C 715 9 km
9	C 715 1 km	Finca els Calderers	Villafranca de Bonany	viel befahrene Hauptstraße	C 715 1 km
8	- 6,5 km	Sant Joan	Finca els Calderers	an der Kreuzung nach links zur Finca. Vorsicht: Reisebusse und teils nicht befestigte Straße, großer Parkplatz bei der Finca	- 6,5 km
7	- 3,5 km	Sant Joan	Ermita de la Consolación	von Sant Joan fahren wir links zur Santuari de la Mare de Deu de Consolació (kleine Gasse)	- 3,5 km
6	C 715 8 km	Abzweig / Sant Joan	Sant Joan A	Abstecher: kleine Nebenstraße führt uns nach Sant Joan	C 715 8 km
5	C 715 0,5 km	Ermita de Sant Miquel	Villafranca de Bonany	unter der Hauptstraße durch, auf der anderen Seite rechts der Beschilderung folgen, Parkplatz, Restaurant	C 715 0,5 km
4	- 1,5 km	Montuiri	Ermita A Sant Miquel	die Stadt hat enge Straßen, ist aber wunderschön anzuschauen	- 1,5 km
3	503 9 km	Porreres	Montuïri	reizvolle Straße zwischen Weingärten und Aprikosenplantagen hindurch	PM 503 9 km
2	- 3,5 km	Santuari de Monti Sion	Porreres	Abstecher: zum Santuari steile, schmale Bergstraße, fantastischer Ausblick	- 3,5 km
1	PM 502 11 km	Llucmajor	Porreres	landschaftlich schöne Straße, Tankstelle in Llucmajor	PM 502 11 km

Dieses Roadbook zum Heraustrennen im Anhang

INFORMATION

• **Palma**
O.I.T.-Büro, Plaça de la Reina, 2
Tel. 971 71 22 16, Fax 971 72 02 51
O.I.T.-Büro Plaça d'Espanya, Tel. 971 71 15 27

• **s'Arenal**
O.I.T.-Büro
Plaça Reina M. Cristina, s/n
Tel. 971 44 04 14

 UNTERKUNFT

• **s'Arenal**
Zahlreiche Hotels an Mallorcas längster (und
lautester) Strandmeile

• **Randa**
Santuario de Cura bei Randa
Einfache Zimmer im Kloster auf dem Gipfel
des Puig de Randa
mit Restaurant
Tel. 971 12 02 60

 ESSEN & TRINKEN

• **Palma**
Celler Sa Premsa
Plaça Berenguer i Palau, 8
Tel. 971 72 35 29
Preiswerte mallorquinische Küche

Dalt Murada
C/. Sant Roc, 1 (hinter dem Palau Reial)
Tel. 971 71 44 64
Preiswertes Mittagsmenü

El Bodegon Xelini
Avga. Conde de Sallent, 6
Tel. 971 29 62 07
Feine Tapes

Restaurant es Baluard
Plaça Porta Santa Catalina, 9
Tel. 971 71 96 09
Feine mallorquinische Küche

Koldo Royo
Passeig Maritím
Tel. 971 971 73 24 35
Spanische Küche

La Bóveda
im Llotja-Viertel, C/. Boteria, 3
Tel. 971 71 48 63

Restaurant es Parlament
C/. Conquistador, 11
Tel. 971 72 60 26
Top-Adresse im alten Parlamentsgebäude

Casa Eduardo
es Mollet (über der Fischbörse am Yachthafen)
Tel. 971 72 11 82
Fischspezialitäten, toller Blick auf die Kathedrale

La Lubina
an der alten Mole
Tel. 971 72 33 50
Fischspezialitäten;

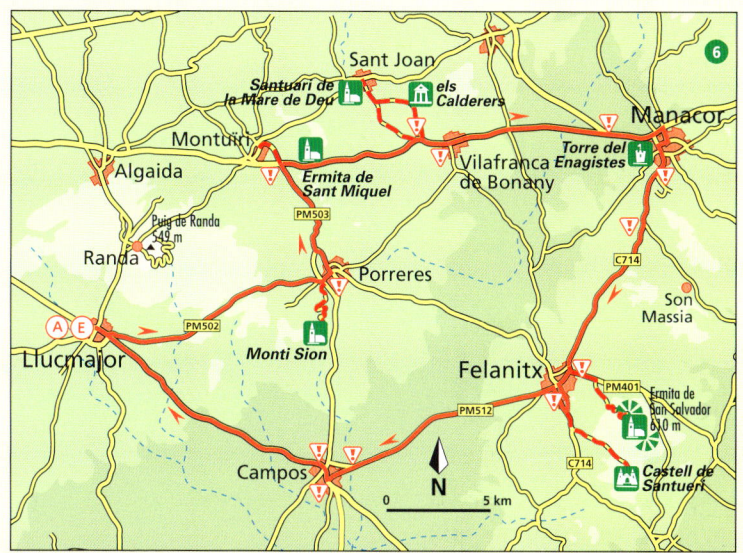

Rififi
C/. Joan Miró, 182
Tel. 971 40 20 35
Großes Fischangebot

MOTORRADFAHREN

Auf Mallorca ist es fast immer warm, sehr oft heiß. Deshalb sollte man einen genügend großen Wasservorrat bei sich haben. Wir haben es uns auch angewöhnt, immer ein kleines Studentenfutter (Nüsse und Rosinen) mit zu nehmen. Damit wir nicht jede teure Imbissbude stürmen müssen.

SEHENSWÜRDIGKEITEN

• s'Arenal
Aquacity
Öffnungszeiten: Mai–Oktober
täglich 10–17 Uhr

• Algaida
Glasbläserei und Glasmuseum Casa Gordiola
Ctra. Palma – Manacor bei km 19
Öffnungszeiten: Mo–Sa 9–13.30 (im Winter bis 13 Uhr) und 15–19 Uhr, im Winter auch So 9–13 Uhr

• Llucmajor
Talayotsiedlung Capocorb Vell
an der Straße Richtung Cala Pi
Öffnungszeiten: täglich außer Do 10 –17 Uhr

Markt am Mi, Fr und Sa (jeweils vormittags)

Zum Berg der drei Heilig- tümer

Die Route führt uns durch die Weite der Inselebene es Pla, zwischen markanten Hügeln, die Klöster und Wallfahrtsorte tragen. In schroffen Windungen geht es hinauf zum Tafelberg von Randa, der einen atemberaubenden Blick auf Mandelbäume bietet und zur Blütezeit von einem Blumenmeer geschmückt wird.

Alte Kunst – die Glasbläserei

Wir verlassen auf der Stadtautobahn von Palma zügig in Richtung Flughafen und ergeben uns in die friedfertige Ebene mit ihrer lieblichen Atmosphäre. Nach den Turbulenzen des Stadtverkehrs begrüßen uns die Windmühlen inmitten fruchtbarer Getreideflächen, die uns seltsam anrührend an Don Quijote erinnern, der auf dem Festland gegen diese stattlichen Exponate kämpfte. Als moderne Ritter rauschen wir frech und ungestüm an

Monumentales Standbild von König Jaume I. am Plaça d'Espanya in Palma

Cap Blanc

den blechernen Autokolonnen, die uns bei Algaida begegnen, vorbei und haben freie Fahrt bis nach Son Gual. Dort befindet sich ein Park mit Dinosauriern aus Kunststoff, dessen Türen jedoch geschlossen sind. Vielleicht ist das auch gut so, denn »Jurassic Park« ist uns noch gut in Erinnerung. Also fahren wir auf der C 715 weiter nach Algaida.

Überall auf der Insel findet der Motorradfahrer Werkstätten, wie zum Beispiel auf der Straße C 715 kurz vor Algaida.

Die Straße führt uns auch an der ältesten Glashütte Mallorcas vorbei. Die festungsähnlich ausgebaute Glasbläserei Gordiola stammt aus dem Jahre 1719 und zeigt außer den betriebsamen Werkstätten auch ein beachtliches Glasmuseum. Die Glaserzeugnisse kann man in der angrenzenden Boutique kaufen. Die wunderschönen Stücke sind inzwischen auch auf Messen in Utrecht, Rio, Buenos Aires, Brüssel und New York ausgestellt.

Bilderbuchidylle am Klosterberg von Randa

Wir erreichen Algaida, das sich am Fuße des Puig de Randa ausstreckt mit seinen verwinkelten Gässchen, die sich vom Markt weg in die Welt hinaus recken. Die gotische Pfarrkirche Sant Pere i Sant Pau aus dem 15. Jahrhundert steht gelassen im Zentrum und beindruckt uns mit ihrem kuriosen Wasserspeier, der an der Außenwand aufsitzt. Wir verlassen Algaida, nachdem wir die Windmühle Molí d'en Xina, eine Grande Dame aus dem 18. Jahrhundert, die heute als Atelier und Kulturzentrum dient, besichtigt haben. Auf der Fahrt nach Randa begleiten uns Feigen- und Olivenbäume zu einer romantischen Stippvisite.

Gebete in luftiger Höhe

In Randa folgen wir der Beschilderung zu den drei Heilig-
tümern, dem Santuari de Cura, Sant Honorat und dem Oratori de Gracia auf dem Puig de Randa (543 Meter). Wir tauchen ab ins Kurvenrevier zum Berg hinauf, flankiert von
einer rauschenden Natur, die sich aus Mandel-, Feigen- und
Johannisbrotbäumen zusammensetzt. Berühmt ist die Aussicht vom Klosterberg zur Mandelblütezeit. Auch wegen
der Blütenpracht zählt der Berg zu einem der stimmungs-
vollsten Flecken der Insel.

Der Ort könnte viel berichten, von kriegerischer Ausein-
andersetzung in vergangenen Zeiten und den Schlachtun-
gen der Haustiere, die den Nachschub an sobrassada (Papri-
kawurst) garantieren. Die gute Übersicht, die der Puig de
Randa bietet, wird heute in friedlicher Absicht für die Flug-
und Waldbrandüberwachung genutzt.

Als erstes Heiligtum erreichen wir über eine kurze
Abzweigung das Santuario de Nostra Senyora de Gracia aus
dem 15. Jahrhundert. Wie ein Schwalbennest klebt das Kloster am südlichen Berghang des Puig de Randa. Von der Terrasse der Einsiedelei genießen wir einen wunderschönen
Blick auf den flachen Südosten Mallorcas. Etwas höher liegt
das Santuari de Sant Honorat aus dem Jahre 1394. Dieses
Santuari wird heute noch von Mönchen des Ordens de los
Sagrados Corazones betreut.

Auf der Spitze thront das Santuari de Cura, die bedeutendste der drei Wallfahrtsstätten. Von hier aus kann man
36 Dörfer und Städte der Insel Mallorca überblicken. Auf
allen Seiten ist das Meer zu sehen, außer auf der Nord-
westseite, wo die Bergkette Tramuntana die Sicht ver-
sperrt.

Eine Snackbar versorgt hungrige Pilger und Motorradfahrer mit dem Nötigsten. Oder man gönnt sich typische Spe-
zialitäten der Region um Randa. Bevor wir auf der PM 501
in die Ebene nach Llucmajor weiterziehen, erlauben wir uns
einen kleinen Aperitif in Randa.

Typisches Landstädtchen mit alter Geschichte

Llucmajor liegt in der Zentralebene, die sich flach wie eine Paellapfanne als Mosaik aus Gemüsefeldern und Landgütern ausbreitet. Der Marktort lebt zum einen von seinen landwirtschaftlichen Erzeugnissen und ist zum andern die Stadt der Schuh-Herstellung. Nördlich der Stadt tobte 1349 die Schlacht zwischen König Pere III. von Aragon und König Jaume III. von Mallorca, die zum Ende des selbstständigen Königreiches Mallorca führte. Dem sterbenden König wurde in Llucmajor ein Denkmal gewidmet.

Um aus Llucmajor heraus zu gelangen, fahren wir zuerst Richtung Palma/Santanyí, dann Santanyí und an der Stadtgrenze dann Richtung Cala Pi/Cap Blanc. Nun befinden wir uns auf der PM 501, die einfach und bequem zu befahren ist. Zwölf Kilometer führt die Nebenstraße nach Süden. Auch hier folgen wir den Richtungspfeilen Cala Pi/Cap Blanc nach Cala Pi.

Wir katapultieren uns in die reiche Vergangenheit der Insel und besichtigen die wichtigsten prähistorischen Fundstätten Mallorcas, Capocorb Vell. Capocorb Vell, die bedeutendste erhaltene talayotische Anlage, besteht aus fünf Talayots (zwei viereckigen und drei runden) und aus 28 Behausungen. Sie wurde von den Archäologen L. Ch. Watelin aus Frankreich und Albert Mayr aus Deutschland erforscht. Die prähistorische Stadt ist ab etwa 2000 v. Chr. bewohnt gewesen. Ob es sich um Wohnsiedlungen, um Kultstätten, Lagerplätze, Totenkammern oder Verteidigungsanlagen handelte, ist noch immer nicht ganz geklärt. Seit 1931 steht das gesamte Ausgrabungsfeld unter Denkmalschutz.

Cala Pi – eine Oase der Ruhe

Trotzig verabschieden uns die Ausgrabungsstätten und wir fahren zurück in die mediterrane Leichtigkeit zur Cala Pi. Wir kurven durch einen wildromantischen Landstrich, entlang niedriger Steinmauern der Bucht entgegen. Die folgende löchrige und buckelige Piste ist wohl eher für die ellenlange Federnwege einer Enduro geeignet als für uns. Hinter der letzten Kehre begrüßen uns die ersten Häuser von Cala Pi, die sich trutzig vom Horizont abheben. Ein dicker runder Festungsturm bewacht die stille Feriensiedlung über dem Sandstrand, der umgeben ist von senkrecht abfallenden Felswänden, in die die Brandung wütend große Höhlen gewaschen hat.

Schroff die Atmosphäre und einladend die Landschaft nach Cap Blanc. Die Straße

In einsamer Ruhe erwartet uns die Cala Pi.

führt durch eine als Sperrgebiet ausgewiesene ursprüngliche Landschaft. Ein weißer Leuchtturm an der Steilküste lockt uns mit einem grandiosen Ausblick. Ruhe senkt sich auf uns und auf die Segelschiffe, die minimalistisch auf glitzerndem Wasser getupft sind, herab. Die famose Küstenstraße nach Palma führt an macchiabewachsenem Fels vorbei, bevor sie ins Landesinnere abdriftet und immer mehr Touristen aufnimmt, die zum Teil auf dem Weg zur Aquacity sind. Nach wenigen Kilometern sieht man

Bier, Sangria, Pommes und Curry-wurst: die tägliche Schlacht am Ballermann.

rechts den Freizeitpark Aquacity mit seiner Gesamtfläche von 150 000 Quadratmetern vor sich liegen. 53 000 Quadratmeter Gärten und Grünzone sowie 16 verschiedene Wasserspiele laden die Gäste zu einem unvergesslichen Vergnügen ein. Auch Kinder können sich auf einer Motorcrossstrecke auf kleinen Geländemotorrädern austoben.

Brodelnder Kessel aus Sonnenhungrigen

Statt wildem Kurvenrausch erwarten uns bei s´Arenal Sommertrubel und Sonnenhungrige im Sangriarausch. Die Platja de Palma und die Platja de s´Arenal von Can Pastilla bis s´Arenal sind das Ursprungsgebiet des Massentourismus mit der größten Baderegion von Mallorca. Mit Wehmut denken Alteingesessene an früher: Kiefernwälder, kilometerlanger Sandstrand, Dünen, Vogelgezwitscher und das Rauschen der Wellen, sonst nichts. Das ist nun schon zwei bis drei Jahrzehnte her. Heute kommen jährlich fast 10 Millionen Feriengäste auf die einstige »Putzfraueninsel«.

Zwischen Strand und Hotels flanieren die Touristen auf einem langen Boulevard zu ihren Shoppingtouren. Die Kette der Unterhaltungsbetriebe, Bars und Restaurants zieht sich fast bis nach Palma hinein. Viele Pauschaltouristen sind nach zwei Wochen High-life erst einmal urlaubsreif, denn hier sind Sonne und Sonnenbräune, Meer und Alkohol das Wichtigste. Chaos, Stau und enge Straßen – da gibt es kein Durchkommen. Wir sind froh, von der Uferpromenade zurück in Richtung Flughafen nach Palma zu fahren.

Nr.	Straße km	Position	Richtung	Information		
14	- 3,5 km	Can Pastilla	Palma	sehr viel Verkehr; auf Touristen und Badegäste achten	T ✕ ≋ C	C 710 9,5 km
13	- 5,5 km	s´Arenal	Can Pastilla	von Aquacity durch die Hotelanlagen direkt auf die Küstenstraße kommen; das Meer muss immer links zu sehen sein	✕ C ≋ ✕	- 5,5 km
12	- 2 km	Aquacity / s´Arenal	Palma	der Freizeitpark Aquacity liegt rechts an der Straße, großer Parkplatz und Restaurant	✕ ✕	- 2 km
11	- 3 km	Cala Blava	Palma	schöne Küstenstraße Richtung Palma, Badeplätze	✕ ⬅	- 3 km
10	- 16 km	Cap Blanc	Cala Blava	schöne Küstenstraße Richtung Palma / Cala Blava	✕ ⬅	- 16 km
9	- 5 km	Weggabel	Cap Blanc	schmale, kurvenreiche Nebenstraße	✕ ⬅	- 5 km
8	- 4 km	Cala Pi	Cap Blanc	schmale, kurvenreiche Nebenstraße, schöner Badestrand an der Cala Pi	✕ ⬅ ≋ ⍩	- 4 km
7	- 4 km	Abstecher / Capocorb Vell	Cala Pi **A**	großer Parkplatz bei Capocorb Vell, prähistorische Fundstätte	✕	- 4 km
6	PM 501 13,5 km	Llucmajor	Cap Blanc	von Llucmajor Richtung Cap Blanc und Cala Pi auf einer sehr gut ausgebauten Nebenstraße herausfahren, Tankstelle in Llucmajor	✕ T	- 13,5 km
5	PM 501 4 km	Abzweig Puig de Randa	Llucmajor	auf der PM 501 nach Llucmajor, sehr gut ausgebaute Nebenstraße	✕ ✕	PM 501 4 km
4	- 5 km	Abzweig Puig de Randa	Puig de Randa **A**	Abstecher: kleine, kurvige Zufahrtsstraße bergauf, Parkmöglichkeiten, Vorsicht: Steine und Kiefernnadeln auf der Fahrbahn	✕ ⬅ ⍩ ✕	- 5 km
3	PM 501 3,5 km	Algaida	Llucmajor	landschaftlich schöne Nebenstraße, Tankstelle in Algaida	T ✕	PM 501 3,5 km
2	C 715 4 km	Glashütte Algaida	Algaida	stark befahrene Hauptstraße, großer Parkplatz vor der Glashütte	✕ P	C 715 4 km
1	C 715 24 km	Palma	Algaida	stark befahrene Hauptstraße, z.T. vierspurig ausgebaut, Tankstellen in Palma	i T	C 715 24 km

Dieses Roadbook zum Heraustrennen im Anhang

SÜDLICHES MALLORCA

INFORMATION

• Manacor
Kulturabteilung im Rathaus
Tel. 971 84 91 02

UNTERKUNFT

• Manacor
Hotel Can Guixá
C/. Alfareros, 15
Tel. 971 55 36 97

• Montuïri
Hostal Puig de Sant Miquel
Abzweigung von der Ctra. de Manacor bei km 31
Tel. 971 64 63 14)

ESSEN & TRINKEN

• Manacor
Restaurant ses Arcades
an der Straße nach Artà bei km 49
Tel. 971 55 47 66

• Felanitx
Cafè des Mercat
C/. Major, 26
Tel. 971 58 00 08
Bodenständig, frisch und günstig

• Ca's Concos (südlich von Felanitx)
Viena
C/. Metge Obrador, 13
Tel. 971 84 20 26
Rainer Fichels hübsches Wirtshaus

MOTORRADFAHREN

Die hohen Erhebungen bei Randa lassen uns zu Vorsicht auf der Straße mahnen. Immer wieder sind die Wege mit Steinen und Kiefernnadeln verschmutzt, die eine große Rutschgefahr für Zweiräder darstellen.
Der Ausflug zum Meer bringt uns auf einer schlechten Straße Hitze und Durst. Also immer eine Flasche Wasser dabeihaben.

Im Freizeitpark Aquacity finden wir die Motorradtouristen von Morgen.

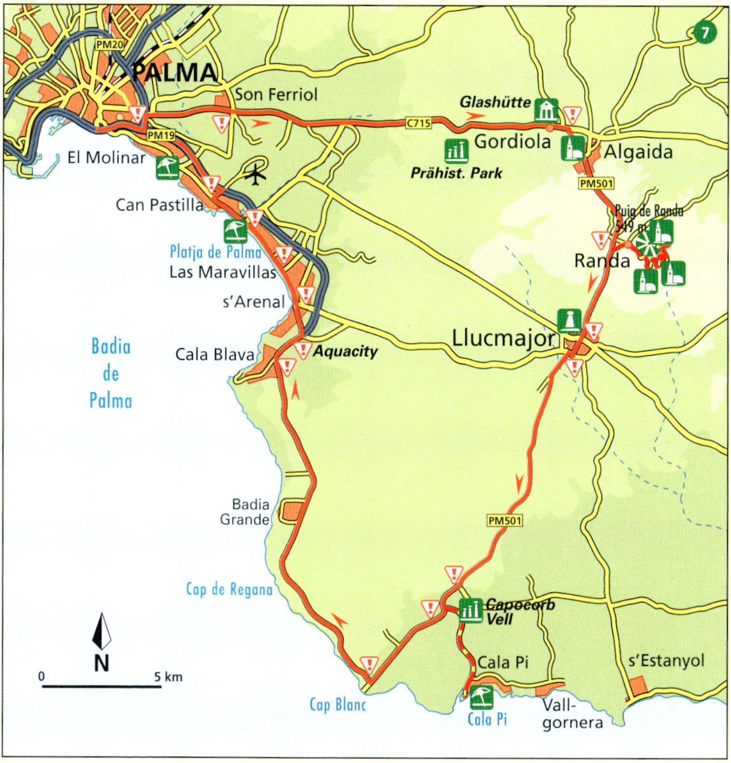

Map of Südliches Mallorca showing:

PM20, PALMA, Son Ferriol, Glashütte, C715, Gordiola, Algaida, El Molinar, Prähist. Park, PM501, Can Pastilla, PM19, Puig de Randa, Platja de Palma, Las Maravillas, Randa, s'Arenal, Llucmajor, Badia de Palma, Cala Blava, Aquacity, Badia Grande, PM501, Cap de Regana, Capocorb Vell, N, 0 — 5 km, Cap Blanc, Cala Pi, Vall-gornera, s'Estanyol

SEHENSWÜRDIGKEITEN

• **Manacor**
Torre dels Enagistes
Ctra. Manacor – Cales de Mallorca
Öffnungszeiten: Di–Do 9–13 Uhr
oder nach Vereinbarung (Tel. 971 84 91 02)

Perlenfabrik Majorica
C/. Majorica, 48
an der Ortseinfahrt aus Richtung Palma
Öffnungszeiten: Mo–Fr 9–12 und 15–17.30
Uhr, Sa/So 10–13 Uhr
Tel. 971 55 02 00

• **Sant Joan**
Els Calderers de Sant Joan
Camí de els Calderers (zwischen Vilafranca
und Sant Joan
Öffnungszeiten: täglich 11.30–19 Uhr

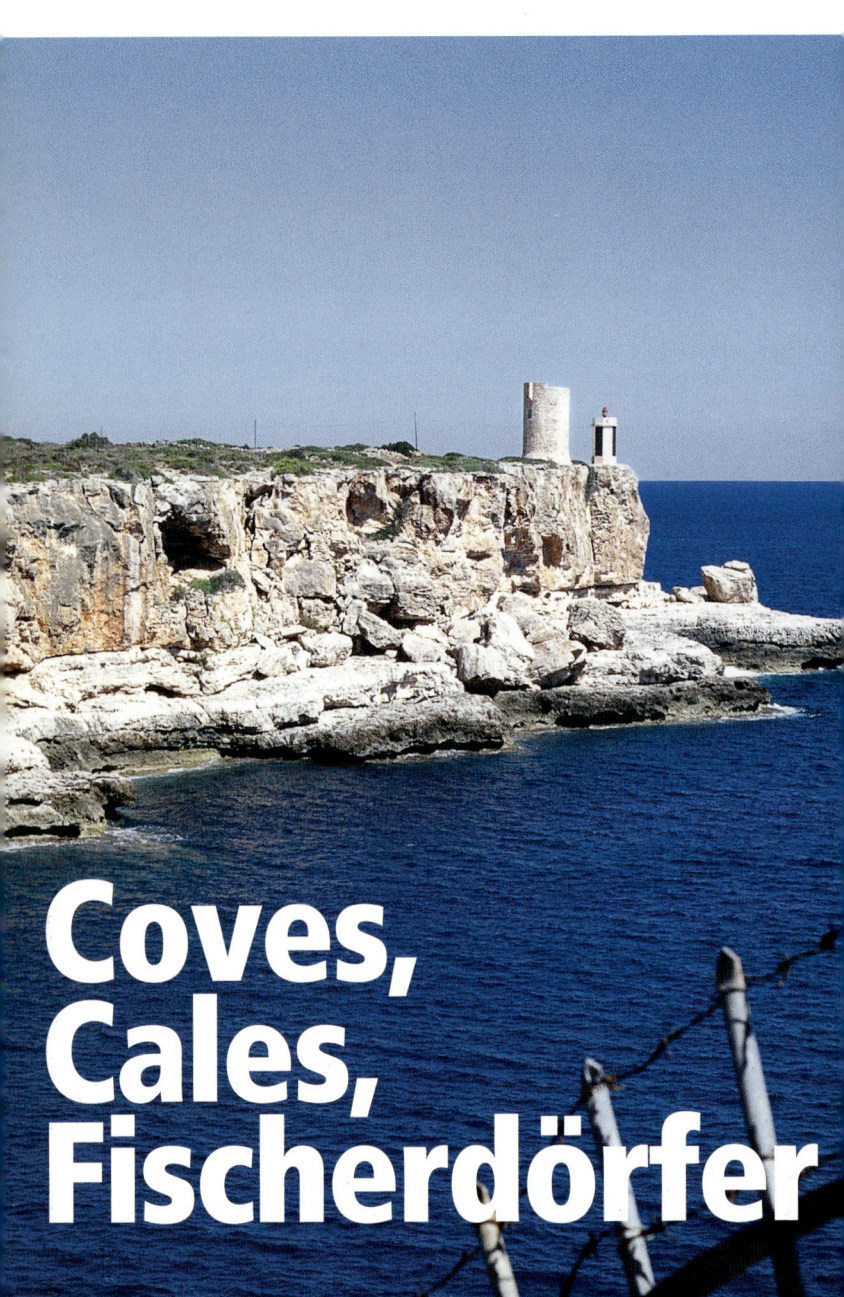

Coves,
Cales,
Fischerdörfer

Ein mallorquinischer Bilderbogen erwartet uns auf dieser Tour in den Südosten Mallorcas.
Auf kehrenreichen Straßen geht es zu einsamen Buchten und zu faszinierenden Grotten, die uns mit ihrem Lichtspiel bezaubern.

In den Märchenhöhlen der Ostküste

Wir verlassen Manacor in Richtung Portocristo auf der PM 402. Bereits nach elf Kilometern werden wir zu den Coves dels Hams geführt und finden für unsere Maschinen einen schattigen Platz in der Nähe des Eingangs. Wir tauchen ab in die feuchte Kühle des Höhleneingangs zu einer Expedition ins Dunkle. Die Coves dels Hams (Harpunenhöhlen) wurden bereits am 2. Mai 1905 von Pere Caldenteny Santandreu entdeckt und sind nicht ganz so beein-

Cala Figuera

MALLORCAS OSTKÜSTE

91

Fahrt durch die pittoresken Straßen von Portocristo.

druckend wie die Coves del Drac, die später noch auf unserer Route liegen. Mit 350 Metern sind sie auch kürzer als die Drachenhöhlen. Dennoch sind die Tropfsteine, die wie Harpunen von der Decke hängen, faszinierend anzuschauen. Baumartige Formationen gestalten ein märchenhaftes Ambiente, das vom »Verlorenen Paradies« fortgeführt wird, in dem kupferfarbene Salze und Eisen in Farbelegien sich verschmelzen. Im »Traum eines Engels« sehen wir bizarre Formen der Stalagmiten und Stalaktiten, die aus dem Boden emporragen. Vom Märchen zum Kitsch ist es nicht weit, wenn auf dem salzhaltigen See (See von Venedig) zum Höhepunkt der Führung ein Geiger erscheint, der in einem Ruderboot über den See schwebt. Geigenklänge schwirren auf traurige Weise über das kräuselige Wasser, in dem sich die Lichtspiele tausendfach brechen. Doch auch Kitsch kann das Herz anrühren und leicht melancholisch gestimmt suchen wir die Energie spendenden Sonnenstrahlen, die uns draußen wieder aufnehmen.

Luxuriöse Yachten tummeln sich in Portocristo

Auf der Küstenstrasse PM 610 fahren wir noch leicht verzückt nach Portocristo, ein belebtes Ausflugs- und Ferienziel mit einem geschützten Yachthafen. Die quirlige Atmosphäre des ehemaligen Frachthafens Port de Manacor setzt sich vom Hafen lebendig fort in die engen Gassenwinkel. Ein Denkmal an der Hafenmole erinnert an den einzigen größeren Landungsversuch republikanischer Truppen auf Mallorca während des Spanischen Bürgerkriegs (1937).

So abwechslungsreich die PM 610 durchs Land führt, so variantenreich sind unsere Besichtigungen, denn nach der Lebendigkeit des Hafenortes Portocristo begeben wir uns auf Schatzsuche in die Coves del Drac, den Drachenhöhlen. Sie sind eigentlich ein Muss für jeden Touristen.

Auf Schatzsuche in der Drachenhöhle

Eine Legende erzählt davon dass die Höhle von einem feuerspeienden Drachen bewohnt wurde, der den kostbaren Schatz tief unten in einem Labyrinth bewachte.

Die größte Höhle der Insel besitzt ein 1700 Meter langes Gangsystem. Schon im Altertum war die Höhle bekannt. Bis ins 19. Jahrhundert blieben die Höhlen aber unerforscht. Die ersten Höhlenforscher bezahlten ihr Abenteuer im Jahr 1878 fast mit dem Leben. Erst 18 Jahre später ließ Ludwig Salvator die verschlungenen Gänge systematisch erfassen und katalogisieren. 1934 installierte man ein elektrisches Beleuchtungssystem.

Cala d'Or

Der Besucher wird heute durch das verwirrende Gangsystem, das konstant 18 Grad Lufttemperatur hat, geführt. Formen und Farben haben den verschiedenen Tropfsteinen ihre Namen gegeben. So gibt es den Wasserfall, den Schwarzen See, das Bad des Sultans, das Bad der Königin Esther, das Theater der Feen, einen Mönch und einen Kaktus. Dabei haben Ingenieure die komplette Höhle mit phantastischen Lichteffekten versehen. Den Höhepunkt der Besichtigung bildet ein Konzert. Für 1000 Besucher ist die große Halle vorgesehen, in der eine herrliche Show geboten wird. Als Bühne dient der 177 Meter lange, 40 Meter breite und fünf bis acht Meter tiefe unterirdische Marthel-See.

Bühne frei

Lautlos gleiten aus dem Dunkel drei mit Lichterketten geschmückte Ruderboote auf den See. Musiker an Bord der Boote erwecken den Eindruck, als würden sie die wunderschöne Musik von Offenbach, Schumann, Händel und Chopin spielen. Tatsächlich erklingt die Musik aus Lautsprechern, die in der Akustik der Halle hervorragend zur Geltung kommt. Am Ende der Vorstellung werden die Zuschauer auf Booten über den See gerudert. Einen kleinen Abstecher sollte man in das Aquarium von Mallorca machen, das sich nahe beim Parkplatz befindet. In dem zweistöckigen Bau kann man in mehr als 115 Behältern viele verschiedene Fischarten aus aller Welt bewundern.

Vom Fischerdorf zum beliebten Urlaubsort

Wir brechen nun auf zum nächsten Ziel, dem »Exotic Parque Los Pajaros«. Links von uns sieht man das Meer, rechts von uns erstreckt sich die Serra de Levant. Über 2000 exotische Vögel und rund 100 Papageienarten erwarten uns an diesem Touristenanziehungspunkt.

Vorbei an den prähistorischen Ruinen bei s'Hospitalet fahren wir in Richtung Meer. Schmale Wege führen zu verträumten Buchten, die unter dem Begriff Cales de Mallorca zusammengefasst wurden. Es sind dies die Cala Murada, Cala Domingos, Cala Romeguera, Cala Antena, s'Ansa des Setrí, Caló des Soldat, Cala Bota, Cala Virgili und Cala Magraner.

An der Steilküste erheben sich riesige Hotelkomplexe, die mit großzügig angelegten Swimmingpools die fast völlig fehlenden Strände ersetzen. Hotelkomplexe stehen der wilden Küste bis zur Cala Murada schroff gegenüber. In Richtung Santanyí geht es weiter zum Hafen Portocolom, der bis ins 19. Jahrhundert einer der Verbindungshäfen zum französischen Festland war. Erst nach dem Bau eines Yachthafens und dem Aufblühen des Fremdenverkehrs ist der kleine Fischerort wieder aus dem Schlaf erwacht, bietet er doch ein Eldorado für Wassersportler. Was der Hafen nicht bietet, gönnt uns die nächste Cala – ein erfrischendes Bad.

In Richtung s'Horta trägt uns die PM 610 zur schönsten Bucht im Osten Mallorcas, der Cala d'Or. Das Fremdenverkehrszentrum an der Ostküste hat sich mit den vier Buchten Cala Esmeralda, Cala Gran, Cala d'Or und Cala Llonga zu einer großen Urlauber- und Sommerkolonie zusammengeschlossen. Der feine, weiße Hauptbadestrand befindet sich an der Cala Gran. Ferienbungalows, Hotels, Pensionen bilden eine bunte Häuserkette, die eingebetet in Pinienhainen und buschigen Gewächsen emporblitzen.

Geschmeidig fahren wir durch die kurvige Hügellandschaft, die die Küste säumt nach Portopetro. Der kleine, malerische Fischereihafen mit nur 250 Einwohnern hat eine typisch mallorquinische Atmosphäre, einen Yachthafen und gemütliche Restaurants, die in der Regel eine gute Auswahl an Fisch und Meeresfrüchten bereithalten.

ses Salines

Die Sommerhäuschen gehören vorwiegend spanischen Familien, entsprechend lebhaft geht es an den Wochenenden zu, wenn die Familien zum Picknick ausrücken und gut gelaunt inmitten von Mandelhainen Petanca spielen. Die C 717 läuft spielerisch an Zitronenbäumen und Kakteen vorbei, die Düfte der Zitronen und wild wachsenden Kräuter kitzeln uns in der Nase auf dem Weg Richtung Santanyí.

Ursprünglich war s'Alqueria Blanca ein kleines Landgut, das verwaltungsmäßig zu Santanyí gehörte. Um 1822 erhielten die Bewohner die Ermächtigung, eine eigene doppeltürmige Kirche zu errichten.

Zwischen Salzbecken und Windmühlen

Es ist Wochenmarkt in Santanyí, als wir in dieser malerischen Kleinstadt ankommen. Mallorquinerinnen bieten frisches Obst und Gemüse aus zerbeulten Wannen feil. Die imposante Pfarrkirche Sant Andreu Apòstol dominiert die Stadt, die ein Lieblingsplatz für Kunstinteressierte ist, denn hier laden Galerien und Kunsthandwerke zum Bummel ein. Vom Hauptplatz Santanyís ist der Weg zur Cala Figuera beschildert, der angeblich schönsten Bucht in dieser Region. Nach all dem Augenschmaus, den wir auf dieser Tour erlebt haben, muss sie das erst beweisen. Bereits nach fünf Kilometern auf der Küstenstraße sehen wir die beiden gewaltigen Einschnitte in der 25 Meter hohen Steilküste, die sich fjordartig ins Land ziehen. Überall dümpeln die Boote der Fischer auf dem blaugrünen Wasser. Die Fischerei ist auch heute immer noch neben dem Tourismus der Hauptwirtschaftsfaktor des idyllischen Dorfs. Fischer, die im stimmungsvollen Naturhafen ihre blauen Netze flicken, und das fast völlige Fehlen von Hotels schaffen ein nostalgisches Flair, der diesen Ort wohltuend von den zugebauten Touristenhäfen andernorts abhebt.

Zurück geht die Tour auf den Hauptplatz von Santanyí. Von dort weiter Richtung ses Salines auf der PM 610. Nach fünf Kilometern erreichen wir die Abzweigung zum südlichsten Punkt Mallorcas.

Schnurgerade verläuft die Straße in südlicher Richtung zum Cap de ses Salines, so als ob sie es nicht erwarten könnte, den weithin sichtbaren Leuchtturm, der sich weiß hochoben auf der Steilküste in den Weg stellt, zu erreichen.

Salzige Luft wirbelt uns auf dem Rückweg entgegen, als wir auf Besichtigungstour zum botanischen Garten »Botanicactus« unterwegs sind. Der Garten wurde erst 1989 angelegt und ist mit 150.000 Quadratmetern und über 40.000 Pflanzen eine der größten Anlagen in Europa. Im mallorquinischen Teil finden wir alte knorrige Ölbäume. Einer soll bereits zur Römerzeit, also vor über 2000 Jahren, Früchte getragen haben.

Einen Kilometer weiter erreichen wir die ersten Häuser von ses Salines. Landeinwärts der kleinen Öko-Gemeinde erstrecken sich die Salinenbecken, Mandelbaumkulturen und Getreidefelder. ses Salines ist ein typisches mallorquinisches Dorf mit 3000 Einwohnern, dessen Umgebung sich von alten Mühlen und Halden aus Meersalz prägen.

Der Urlaubsort Colònia de Sant Jordi ist der einzige Badeort an der Südküste und hat zudem naturbelassene Strände in beide Richtungen. Der alte Hafen von Campos, ein ehemaliges Fischerdorf, ist jetzt fest in Schweizer Hand. Daneben hat sich es Trenc als letzter großer naturbelassener, kiefernbesetzter Dünenstrand der Insel erhalten; ein Teil von ihm wird als FKK-Strand genutzt.

Erfrischt vom ständig wehenden Wind setzen wir unseren Weg nun nach Campos fort. Eine landschaftlich reizvolle Straße führt vorbei an Salinen und dem Kurbad Banys de Sant Joan. An der 38 Grad heißen Salz- und Schwefellake, die auf dem Weg zur Colònia de Sant Jordi aus den Tiefen des mallorquinischen Kalkgesteins steigt, kurierten sich schon die römischen Besatzer.

Nach ungefähr acht Kilometern finden wir einen Wegweiser und ein Wegkreuz, die uns nach rechts zur Ermita de Sant Blas führen. Auf einem Feldweg erreichen wir die Kirche. Vorübergehend war sie die Wirkungsstätte von Einsiedlern.

Es ist spät geworden, wir müssen uns beeilen, um nicht in die Nacht zu kommen. Also fahren wir zügig nach Campos. Von dort fahren wir auf der PM 512 nach Felanitx. Auf der letzten Etappe der Tour, der Strecke PM 714 von Felanitx nach Manacor fahren wir in harmonischen Bögen wieder auf unseren Ausgangspunkt zu.

Nr.	Straße km	Position	Richtung	Information	
17	PM 512 / 26 km	Campos	Felanitx / Manacor / C 714	Tankstellen in Campos und Felanitx, landschaftlich reizvolle Hauptstraße mit viel Verkehr, von Felanitx bis Manacor auf der C 714	PM 512 / 26 km
16	PM 604 / 8 km	Colònia de Sant Jordi	Campos	links das Kurbad de San Jordi, rechts die Salinen, zur Ermita de San Blas kleiner Feldweg rechts ab	PM 604 / 8 km
15	- / 8 km	Kreuzung / PM 610 / PM 611	Colònia de Sant Jordi	landschaftlich reizvolle Nebenstraße an die Küste	- / 8 km
14	C 710 / 9,5 km	Kreuzung / PM 610 / PM 611	ses Salines / Cap de ses Salines	Abstecher: an der Kreuzung PM 610 / PM 611 nach links Richtung Cap de ses Salines, Botanicactus direkt an der Kreuzung	PM 611 / 9,5 km
13	PM 610 / 5 km	Santanyi	ses Salines	Tankstelle in Santanyi, landschaftlich reizvolle Nebenstraße	PM 610 / 5 km
12	- / 5,5 km	Santanyi	Cala Figuera	Abstecher: wunderschöne Stichstraße zur Cala Figuera	- / 5,5 km
11	C 717 / 4,5 km	s'Alqueria Blanca	Santanyi	in s'Alqueria Blanca nach links Richtung Santanyi, gut ausgebaute Straße	C 717 / 4,5 km
10	C 717 / 5,5 km	Portopetro	Santanyi / s'Alqueria Blanca	landschaftlich reizvolle Nebenstraße	C 717 / 5,5 km
9	- / 5 km	Cala d'Or	Portopetro	direkt an der Küste entlang, kleine Nebenstraße, kurvig und hügelig	- / 5 km
8	PM 610 / 6,5 km	Abzweig / PM 610	Santanyi / s'Horta	auf der PM 610 bis s'Horta, dann den Wegweisern links zur Cala d'Or folgen, landschaftlich reizvolle Nebenstraße	PM 610 / 6,5 km
7	- / 12 km	Portocolom	Cala Marsal / PM 610	landschaftlich reizvolle Nebenstraße, kurvig, Touristenverkehr; weiter zur Cala Marçal, zurück zur PM 610	- / 12 km
6	- / 8 km	Cales de Mallorca	Santanyi / Portocolom	vorbei an den Cales bis zur Cala Murada, dann wieder zurück auf die PM 610	- / 8 km
5	- / 2 km	Exotic Park	Cales de Mallorca	an der Abzweigung links ans Meer, kleine Nebenstraße führt durch Hotelanlagen	- / 2 km
4	PM 610 / 12,5 km	Coves del Drac	Santanyi / Exotic Park	landschaftlich reizvolle Nebenstraße, kurvig, mit viel Touristenverkehr	PM 610 / 12,5 km
3	PM 610 / 1 km	Portocristo	Santanyi / Coves del Drac	Tankstelle in Portocristo, interessante Höhlen	PM 610 / 1 km
2	PM 402 / 3,5 km	Coves dels Hams	Portocristo	interessante Höhlen, viel Ausflugsverkehr Reisebusse	PM 402 / 3,5 km
1	PM 402 / 9 km	Manacor	Portocristo	Tankstelle in Manacor, landschaftlich schöne Hauptstraße	PM 402 / 9 km

Dieses Roadbook zum Heraustrennen im Anhang

MALLORCAS OSTKÜSTE

INFORMATION

• Colònia de Sant Jordi
O.I.T.-Büro
C/. Doctor Barraquer, 5
Tel. 971 65 60 73, Fax 971 65 64 47

• Portocristo
O.I.T.-Büro
C/. Gual, 31, A, Tel./Fax 971 82 09 31

• Cala d'Or
O.I.T.-Büro
Avga. Cala Llonga, Tel./Fax 971 65 74 63

 UNTERKUNFT

• Colònia de St. Jordi
Villa Piccola, C/. Primavera, 2 (Tel. 971 65 53 93), Apartments für zwei bis vier Personen, ab 14.000 Pts, Pool, nahe Strand es Trenc.

• Portocolom
Hostal Cesar, C/. Llaud, 8
Tel. 971 82 53 02
ab 5.500 Pts, sehr ruhige Lage

 ESSEN & TRINKEN

• Manacor
Restaurant ses Arcades
an der Straße nach Artà bei km 49
Tel. 971 55 47 66
Spezialität: Spanferkel und Zickleinbraten

• Portocolom
Celler sa Sinía
C/. Pescadors (am Sporthafen)
Tel. 971 82 43 23
Mo geschlossen
Fischspezialitäten

• Felanitx
Cafè des Mercat
C/. Major, 26, Tel. 971 58 00 08
Bodenständig, frisch und günstig

• ses Salines
es Pinaret
an der Straße nach Colònia de Sant Jordi bis km 2,5, dann Beschilderung
Tel. 971 64 92 30
Nur abends

• Santanyí
Restaurant es Molí
C/. Consolació, 19, Tel. 971 65 33 58
Italienische Küche

• Colònia de Sant Jordi
Marisol
gegenüber der Hafenmole
Tel. 971 65 50 70

 MOTORRADFAHREN

Badehosen nicht vergessen!
In den kleinen Fischerdörfern muss man mit vielen Touristen und Badegästen rechnen.

In Porto-colom

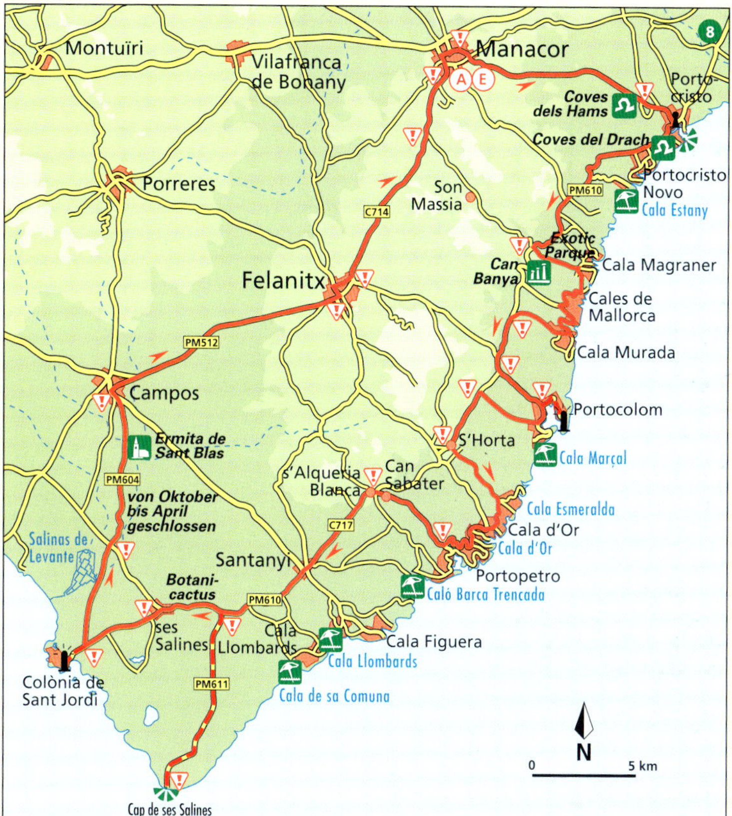

Montuïri

Vilafranca de Bonany

Manacor

⑧

Porto cristo

Coves dels Hams

Coves del Drach

Portocristo Novo

Cala Estany

Porreres

Son Massia

C714

Exotic Parque

Cala Magraner

Can Banya

Felanitx

Cales de Mallorca

PM512

Cala Murada

Campos

Portocolom

Ermita de Sant Blas

S'Horta

Cala Marçal

PM604

von Oktober bis April geschlossen

s'Alqueria Blanca

Can Sabater

Cala Esmeralda

C717

Cala d'Or

Cala d'Or

Salinas de Levante

Santanyí

Portopetro

Caló Barca Trencada

Botani-cactus

PM610

ses Salines

Cala Llombards

Cala Figuera

Cala Llombards

Colònia de Sant Jordi

PM611

Cala de sa Comuna

N

0   5 km

Cap de ses Salines

SEHENSWÜRDIGKEITEN

• Portocristo

Coves del Drac
an der Ortseinfahrt aus Richtung Portocolom
Führungen etwa jede Stunde (Dauer ca. 1 Stunde, mit Konzert)

Öffnungszeiten: täglich 10–17 Uhr

• Cales de Mallorca

Exotic Parque Hospitalet Vell
An der Straße aus Richtung Manacor
Öffnungszeiten: täglich 10–19 Uhr, im Winter bis 17 Uhr

• ses Salines

Botanicactus
Einer der größten botanischen Gärten Europas
Öffnungszeiten: täglich 9–19 Uhr, im Winter bis 18 Uhr

Spuren mallor-quinischer Geschichte

Schattenlose Serpentinen und atemberaubende Küstenstraßen führen uns zu kuscheligen Badebuchten und sagenumwobenen Ausflugsstätten, die in karstiger Landschaft Biker-Spaß par excellence bieten.

Schlösser und Höhlen

Leise tuckern wir von Artà in Richtung Colònia de Sant Pere/ Can Picafort, um dann auf einer kleinen Straße zur Siedlung Colònia de Sant Pere zu gelangen. Das kleine Dörfchen hat einen ausgezeichneten Sandstrand, der ein Ausläufer der Badia de Alcúdia ist. Von hier aus kann man die karstigen Felsen des Ferrutx (522 Meter) im Süden und des Morei (562 Meter) im Osten sehen. Der flache Strand ist ideal auch für Kinder und es gibt einen kleinen Bootshafen.

Auch wenn die kleine Ermita de Betlem geschlossen sein sollte, lohnt sich die Fahrt allein schon aufgrund der reizvollen Zufahrtsstrecke.

NORDÖSTLICHES MALLORCA

Blick auf die mittelalterlich anmutende Stadt Artà.

Zurück geht es an die Kreuzung der C 712 und dann wieder nach Artà. Der ruhige Ort liegt zu Füßen einer gut erhaltenen maurischen Burganlage am Hang eines Hügels und besitzt eine Festungsmauer, eine Wallfahrtskirche Sant Salvador und die Pfarrkirche. Die Geschichte Artàs dürfte in der Zeit begonnen haben, als Griechen und Römer die Insel besiedelten. Unter den Arabern, die den Ort Jartan nannten, entstand eine blühende Wirtschaftsgemeinde. Nach der Rückeroberung von den Mauren gründete ein Mönchsorden das drei Kilometer entfernte Kloster Bellpuig, im 16. Jahrhundert wurde die Pfarrkirche feierlich eingeweiht. In den folgenden Jahrhunderten wurde die Stadt von Piraten reichlich heimgesucht und so entwickelte sie sich zu einer befestigten Stadt. Das Schloss wurde erweitert, die Häuser erhielten Türme und dicke Mauern.

Von der Pfarrkirche und auch vom Stadtberg haben wir eine herrliche Aussicht über Artà und zum nördlichen Teil der Serra de Llevant. Wer will, kann noch im Museu Regional de Artà neben dem Rathaus (Rathausplatz) vor- und frühgeschichtliche Funde aus der Umgebung bestaunen, darunter Keramik, Schmuck und Bronzegeräte.

Lohnenswert für einen Besuch ist auch die entlegenste Einsiedelei Mallorcas, die Ermita de Betlem. Hier beginnen wir unseren Ausflug am einstigen Bahnhof von Artà. Etwas schlecht beschildert führt uns der Weg den Carrer Antoni Blanc Juan Richtung Sant Salvador. Erst beim Verlassen des Ortes finden wir das Hinweisschild zur Ermita de Betlem. Zunächst fahren wir durch ein herrliches Tal mit Obstbäumen entlang des Torrent de Cocones. Dann erreichen wir nach fünf Kilometern das Landgut Can Son Morei. Kurz danach teilt sich die Straße. Wir fahren links. Nun führt eine verwegene Serpentinenstrecke auf den Hügel. Nach einer Kurve stehen wir sehr plötzlich vor der Ermita auf einem

Parkplatz, der eingebettet inmitten von Feldern und Gärten liegt. Durch das Tor gelangt der Besucher durch eine Zypressenallee zum Tor der Kapelle.

Wir verlassen nun das Zentrum Artàs und richten uns nach den Hinweisschildern Capdepera/Cala Rajada und ab Capdepera auf die Hauptstraße C 715. Die attraktive, aber lebhafte Straße führt durch zerklüftete Berge zur Cala Mesquida. Nördlich von Artà liegen dagegen zwei fantastische Badebuchten, die Cala Torta und die Cala Mitjana; schwer zu erreichen, deshalb recht leer, aber mit herrlichem Wasser – so der Geheimtipp. Der Fahrweg führt westlich des Festungsberges vorbei nach Norden, über eine schlechte Straße mit endlosen Schlaglöchern und geflickten Bodenunebenheiten. Die viel leichter erreichbare Cala Mesquida entpuppt sich als Juwel für romantische Herzen, der Strand schmiegt sich verborgen an die Küste und das herrliche Wasser vertreibt alle Sorgen. Schon im 16. Jahrhundert rühmte der Historiker Binimelis das gute Wasser der Font de sa Mesquida. Danach war die stille Bucht jahrhundertelang beliebter Tummelplatz für Schmuggler und Piraten. Wir lassen die Bucht schweren Herzens zurück und fahren im klaren Licht des Sommers zurück in Richtung Capdepera.

Bei Capdepera erhebt sich 161 Meter hoch der Festungsberg – eine der imposantesten Festungsanlagen der Insel. Ab 1300 wurde der Burgberg auf römischen und arabischen Mauerresten von Jaume II. zur Befestigung ausgebaut.

Auch in dem 6500 Einwohner zählenden Ort Capdepera gibt es noch viel zu sehen, doch wir entschließen uns, weiter nach Cala Rajada und zum Cap de Capdepera zu fahren.

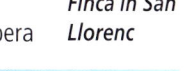

Finca in San Llorenc

Ausflug in die Rochenbucht

Das einstige Fischerdorf Cala Rajada, die Rochenbucht, ist nur drei Kilometer von Capdepera in Richtung Osten entfernt. In den vergangenen Jahren

hat es sich zu einem Bade- und Ferienzentrum entwickelt, das fast ausschließlich vom Tourismus lebt. Laut und pulsierend empfinden wir die lange Hauptstraße, die zum Cap de Capdepera führt. Am Cap selbst sind wir fast völlig alleine. Außer dem Leuchtturm steht hier die Torre Embucada, der Rest eines alten Wachturms. Von hier aus haben wir einen herrlichen Blick über das Meer.

Die »Coves d'Artà« sind unser nächstes Ziel, zu denen eine kurvige Straße führt. Die Augen geradeaus auf das Grau der Straße gerichtet und die nächste Kehre im Visier gehalten, zischen wir durch den turbulenten Andrang der Touristen.

Coves d'Artà

Am Eingang gesellen wir uns zu Bikern aus Deutschland, die mit uns in die dunklen feuchten Höhlen hinabsteigen. Die Coves d'Artà, in unmittelbarer Nähe der Küste, sind ein insgesamt 450 Meter langes Höhlensystem, in dem eine konstante Temperatur von 18 Grad herrscht. Sie wurde aber erst 1876 von E.A. Martel erforscht. Der vordere Teil der Höhle wurde lange Zeit als Wohnstätte benutzt und ist von den Feuerstellen jener Zeit rußgeschwärzt.

Schlaglöcher und Kehren haben unser Kreuz massiert, so dass wir nach Son Servera auf der Suche nach der nächsten Badebucht sind. Son Servera ist ein einfaches Bauerndorf, dessen Ursprung auf die Reconquista zurückführt. Lohnend ist der Besuch an einem Freitag, wo auf der Plaça ein Markt stattfindet. Wichtig ist der Ort als Abzweigung zu zwei wunderschönen Stränden, der Cala Bona und der Cala Millor.

Baden im s´Arenal des Ostens

Wir verlassen den Hauptplatz von Son Servera und fahren der Wegweisung nach zur Cala Millor. Die Bucht ist das s'Arenal des Ostens. Ein gepflegter und moderner Touristenbetrieb stellt die vielen sonnenhungrigen Urlauber zufrieden. Hauptsächlich deutsche Urlaubsgäste tummeln sich am großen Strand. Wesentlich ruhiger geht es da an der Cala Bona zu. Nur kleine Hotelbauten folgen der mit Palmen bewachsenen Strandpromenade. Von Son Servera aus treten wir nun die Heimreise nach Artà an. Wie verlassen hier die moderne Zivilisation und begeben uns auf eine Reise in die Vergangenheit.

In Artà, auf der Straße nach Capdepera, finden wir auf der rechten Seite ein kleines Hinweisschild zu der Talayot-Siedlung ses Païsses. Diese Siedlung ist die bedeutendste und charakteristischste archäologische Ausgrabungsstätte Mallorcas. Sie befindet sich in einem Steineichenwald. Der zentrale Talayot im Innern der Siedlung gehört zur Anfangsphase der Talayot-Kultur, die zwischen den Jahren 1300 bis 1000 v. Chr. lag. Tonnenschwere Quader, die vor mehr als 3000 Jahren von Menschenhand zusammengefügt wurden, beherrschen die Siedlung und beeindrucken uns durch ihre monströsen Ausmaße. In stillem Staunen kehren wir zurück zu unserem Hotel und – wir gestehen es – sind dankbar für die Errungenschaften unserer Zeit, und dann können wir den knurrenden Magen erst einmal mit köstlichen Tapas beruhigen.

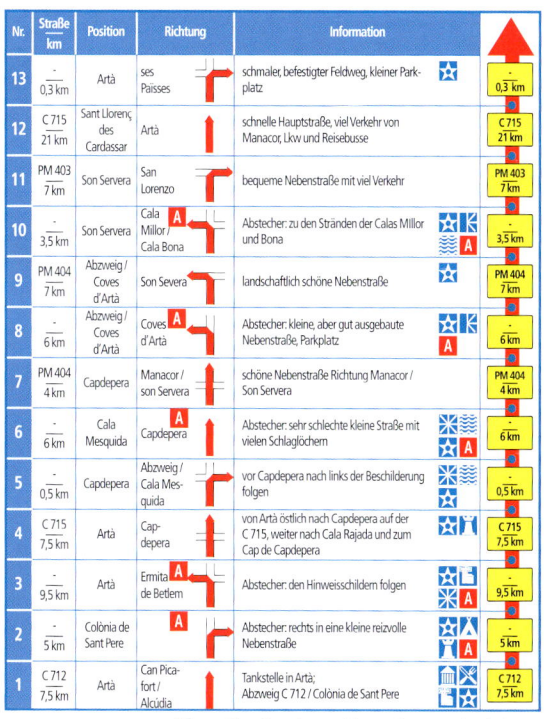

Nr.	Straße km	Position	Richtung	Information	
13	0,3 km	Artà	ses Païsses	schmaler, befestigter Feldweg, kleiner Parkplatz	0,3 km
12	C 715 21 km	Sant Llorenç des Cardassar	Artà	schnelle Hauptstraße, viel Verkehr von Manacor, Lkw und Reisebusse	C 715 21 km
11	PM 403 7 km	Son Servera	San Lorenzo	bequeme Nebenstraße mit viel Verkehr	PM 403 7 km
10	3,5 km	Son Servera	Cala Millor / Cala Bona	Abstecher: zu den Stränden der Calas Millor und Bona	3,5 km
9	PM 404 7 km	Abzweig / Coves d'Artà	Son Severa	landschaftlich schöne Nebenstraße	PM 404 7 km
8	6 km	Abzweig / Coves d'Artà	Coves d'Artà	Abstecher: kleine, aber gut ausgebaute Nebenstraße, Parkplatz	6 km
7	PM 404 4 km	Capdepera	Manacor / son Servera	schöne Nebenstraße Richtung Manacor / Son Servera	PM 404 4 km
6	6 km	Cala Mesquida	Capdepera	Abstecher: sehr schlechte kleine Straße mit vielen Schlaglöchern	6 km
5	0,5 km	Capdepera	Abzweig / Cala Mesquida	vor Capdepera nach links der Beschilderung folgen	0,5 km
4	C 715 7,5 km	Artà	Capdepera	von Artà östlich nach Capdepera auf der C 715, weiter nach Cala Rajada und zum Cap de Capdepera	C 715 7,5 km
3	9,5 km	Artà	Ermita de Betlem	Abstecher: den Hinweisschildern folgen	9,5 km
2	5 km	Colònia de Sant Pere		Abstecher: rechts in eine kleine reizvolle Nebenstraße	5 km
1	C 712 7,5 km	Artà	Can Picafort / Alcúdia	Tankstelle in Artà; Abzweig C 712 / Colònia de Sant Pere	C 712 7,5 km

Dieses Roadbook zum Heraustrennen im Anhang

INFORMATION

• **Cala Rajada**
O.I.T.-Büro
Plaça dels Pins
Tel. 971 56 30 33, Fax 971 56 52 56

• **Cala Millor**
O.I.T.-Büro
Parc de la Mar, 2
Tel. 971 58 54 09, Fax 971 58 57 16

UNTERKUNFT

• **Artà**
Hotel s´Abeurador
unterhalb des Stadtberges
Tel. 971 83 52 30
Mit Garten und sehr gutem Restaurant

• **Cala Rajada**
Hotel ses Rotges
C/. Rafael Blanes, 21, Tel. 971 56 31 08

ESSEN & TRINKEN

• **Artà**
Finca es Serral
Zufahrt von der Straße nach Cala Rajada nach
der Tankstelle Richtung Cala Torta, Richtung
»Depuradora«
Tel. 971 83 53 36
Mallorquinische Küche am Bauernhof

• **Capdepera**
Restaurant s´Era de Pula
an der Straße Son Servera – Capdepera bei
km 3
Tel. 971 56 79 40
Küche und Kunst am Golfplatz

*Ein weiter Blick eröffnet sich uns vom
Santuari de Sant Salvador d´Artà.*

MOTORRADFAHREN

Die meist flachen Straßen sind
gut ausgebaut und bieten auch dem Anfänger
viel Spaß beim Motorradfahren mit Leihmotorrädern.

SEHENSWÜRDIGKEITEN

• **Artà**
Der Stadtberg von Artà mit dem Santuari de
Sant Salvador

Talayotsiedlung ses Païsses
südlich des alten Bahnhofs
Öffnungszeiten: täglich 9–13 und 15–19 Uhr

• **Capdepera**
Die Festungsanlagen über dem Dorf

Torre de Canyamel (außerhalb Richtung Platja
de Canyamel)

Der Stadtberg und die Pfarrkirche prägen das Erscheinungsbild von Artà.

⑨

N

0   5 km

Talaia
de Morei
432 m

Morei
▲ 560 m

Cala
Mesquida   Cap des Freu

Colònia de
Sant Pere

Cala
Mesquida

Ermita
de Betlem

Cap de
Capdepera

Torrent d'es Cocons

Ferrutx
500 m

Castell de
Capdepera

Cala
Rajada

Artà

C715

Cap-
depera

Paré
487 m

C712

A E

Cala de
Sa Font

Torre de
Canyamel

Coves d'Artà

PM404

C715

Costa de
Canyamel

Platja de Canyamel

Pula

Costa de
Pins

Son
Servera

Sant
Llorenç

Cala Bona

PM403

Cala Millor

Von Palma nach sa Drago-nera

Prall und voller Leben zeigt sich Palma, dabei zieht die Inselmetropole alle Register, die zu einer attraktiven Stadt gehören. Nach einem Bummel durch die Gassen und den innerstädtischen Boulevards geht es auf schwungvollen Straßen in die mediterrane Natur.

Könige und Piraten

Hurtig und konsquent fahren wir auf der Küstenstraße in Richtung Andratx. Lebhafter Straßenverkehr und das graue Einerlei verwandelt sich gemächlich in eine beschauliche Landschaft, aus der nach einem heftigen Rechtsknick sich das Castell de Bellver majestätisch erhebt. In 113 Meter Höhe lockt das Wahrzeichen der Stadt Palma mit einem gotischen Rundbau, der einen königlichen Panoramablick auf Palma verspricht. An der Auffahrt von der Avinguda Gabriel Roca biegen wir

... und immer wieder schön: die Nähe zum Meer!

WESTLICHES MALLORCA

links in den Carrer Bellver ca. 1,5 Kilometer zum Castell ab. An der Gabelung fahren wir den Carrer Bellver weiter nach rechts. Hier begrenzt ein schmiedeeisernes Eingangstor die mit Kiefern bewachsene Parkanlage.

Die Burg liegt 112,60 Meter über dem Meeresspiegel. Man überblickt die gesamte Bucht von Palma und einen großen Teil der Insel. Die Bauarbeiten wurden im Jahr 1300 auf Weisung Jaumes II., des Königs von Mallorca, in Angriff genommen. Die Arbeiten an den Grundfesten dauerten neun Jahre, und die dekorativen Ornamente nahmen noch viel mehr Zeit in Anspruch. 70 dauernd beschäftigte Arbeiter waren an dem Werk tätig, dazu noch eine große Anzahl von Frauen sowie die Sklaven des Königs.

Die Burg war als königliche Residenz konzipiert worden, und Ende des 14. Jahrhunderts wurde sie drei Monate lang von Joan I., Violant von Aragón und deren Hofstaat bewohnt. Weitere illustre Besucher waren: Karl I., der Fürst von Savoyen, Erzherzog Johann von Österreich, der Herzog von Montpensier, die Königin Isabella II., Alfons XII. und Alfons XIII. sowie der gegenwärtige König Juan Carlos I. mit Gemahlin Sofia.

Im Jahre 1717 wurde die Burg zum Militärgefängnis. Von 1802 bis 1808 wurde in einem der Räume im ersten Stockwerk Gaspar Melchor de Jovellanos gefangen gehalten, der Minister für Steuern, Justiz und Begnadigungen unter der Herrschaft von Carlos IV. Die Burg war auch ein Verließ für zahlreiche französische Soldaten und Beamte, die in der Schlacht von Bailén besiegt worden waren. 1817 erschoss man hier General Lacy, den Anführer eines gescheiterten Aufstandes der Liberalen. 1821 wurde die Burg vorübergehend als Geldmünzerei genutzt.

Das Gebäude hat einen kreisförmigen Grundriss mit drei angefügten halbkreisförmigen Türmen, sowie einen weiteren Bergfried, welcher sieben Meter außerhalb des Burgkörpers errichtet wurde. Das Gebäude legte man um einen zentralen Hof herum an; es besteht aus zwei Etagen: Erdgeschoss mit Halbrundbögen und flachen Decken und Obergeschoss mit spitz zulaufenden Bögen und Kreuzgewölbedecken in gotischem Stil.

Das Gebäude und der Wald wurden 1931 der Stadt Palma vom Staate abgetreten, wonach es zum historischen Museum der Stadt wurde und die Sammlung »Despuig« mit klassischer Bildhauerei beherbergt. Gleichzeitig finden hier zahlreiche kulturelle Aktivitäten und Wettkämpfe statt, welche vom Rathaus von Palma organisiert werden.

Am Straßenrand verzaubern uns die farbenprächtigen Blumendekorationen.

Die »englische« Seite

Die strahlende Sonne begleitet uns in Richtung Cala Major, dem Wohnort des 1983 hier verstorbenen katalanischen Malers Miró. Die Kunst von Joan Miró, der hier 40 Jahre lebte und arbeitete, erfasste das heitere Naturell der Insel und ihrer gelassenen Menschen. Heiter und gelassen fahren auch wir auf der reizvollen Küstenstraße durch die schmucken Badeorte der Inselmetroploe. Die Gelassenheit verpufft etwas, denn die Badetouristen verstopfen die Straßen, dazwischen stürzen sich quirlige Mopedfahrer in den Verkehr, begleitet von aufheulenden Motorgeräuschen. Stop-and-Go ist hier zur Hauptsaison das Motto für den Straßenverkehr. Der traumhafte Blick auf blaues Wasser veranlasst uns einen Abstecher ans Meer zu tätigen.

WESTLICHES MALLORCA

Port Alt lockt mit traumhaftem Meerblick

Von der Küstenstraße C 719 links abbiegen und der Beschilderung Port Alt folgen, ca. 500 Meter. Wir parken unser Motorrad auf dem Restaurant-Parkplatz und gehen zu Fuß über einen schmalen Weg vorbei an bunt blühenen Gärten mit mediterranem Flair zu einer kleinen Kapelle. Hoch über dem Meer gelegen können wir unter uns den traumhaften kleinen Sandstrand erkennen, eine vorgelagerte winzige Insel lädt zum Schwimmen und Tauchen ein.

Noch zwei Kilometer und wir erreichen Portals Nous. Links im Zentrum des Badeorts befindet sich das Delfinarium Marineland, das eine Vielzahl an Tiershows bietet.

In Portals Nous zählt nur der Hafen, aber der zählt viel, denn hier liegen Hunderte von mondänen Yachten und bilden für die exklusive Flaniermeile die Kulisse.

Auch in Port d'Andratx wird gefeiert, meistens bis in den frühen Morgen.

Große Hotelkomplexe kennzeichnen nach knapp drei Kilometern die doppelte Badestadt Palma Nova/Magaluf, die im Laufe der Zeit zusammengewachsen ist und als Hochburg britischer Touristen gilt. Auch hier lockt der Vergnügungspark »Aquapark« die Touristen. Wer nicht unter Klaustrophobie leidet, kann sich mit dem U-Boot Nemo in die Unterwasserwelt bei Magaluf begeben. Ein altes

Schiffswrack auf dem Meeresboden weckt die Erinnerung an Jules-Verne-Romane und alten Piratenfilme.

Wild und lebendig – die Südwestküste

Etwa ein Kilometer hinter Magaluf zweigt eine Straße Richtung Cala Figuera nach links ab. Durch einen Pinienwald fahren wir eine kurvige, schlecht ausgebaute Straße zu der urwüchsigen Sandbucht Portals Vells. In der Nähe ist auch das noble Casino Mallorca, das außer dem Kitzel des Glücksspiels auch jeden Abend seicht-schwülstige Varietés bietet. Die Straße zum schwarzweißen Leuchtturm »El Toro« an der Halbinsel Cala Figuera führt zwar an romantischen kleinen Felsbuchten mit feinen Sandstränden und kristallklarem Wasser vorbei, endet jedoch an militärischem Sperrgebiet.

Deshalb fahren wir zurück auf der C 719 in Richtung Andratx, an deren rechten Seite lugt die Capella de sa Sagrada Petra hinter großen Baumbeständen hervor.

Im Kreisverkehr verlassen wir die C 719, um nach Santa Ponça zu fahren. Ein großer Autoboulevard führt in den Ort. Hier drängeln sich die zahlreichen Gäste auf riesigen Hotelanlagen. Das alte Santa Ponça hat auch seinen Platz in der Inselgeschichte. Im Jahre 1229 landete Jaume I. zur Eroberung Mallorcas. Ein Steinkreuz an der C 719 erinnert an dieses historische Ereignis. Flott geht es weiter zur nächsten Stadt, Peguera, die fest in deutscher Hand ist. Jede Menge Restaurants und Bars bieten einheimisches Ambiente mit Kölsch und Sauerkraut. Ein Grund für uns, in Richtung Westen zu fahren, denn wir ziehen die ursprüngliche Landschaft und die einheimischen kulinarischen Bars den touristischen Festungen vor. Also begeben wir uns auf der harmonischen Küstenstraße C 719 auf die Spuren der Mauren, die sich in den kommenden Landstrich mit ihrer Kunstfertigkeit Denkmäler gesetzt haben.

Olivenhaine und lichte Pinienwälder bedecken das gewellte Hügelland und kündigen die bizarre Gebirgskulisse an, die uns erwartet.

Mallorcas Westen – Malerische Küste und bergiges Hinterland

Der Westen Mallorcas bietet eine wildromantische Küste, bezaubernde Bergdörfer und prächtige Gartenlandschaften. Sie ist der Ort für Idylle und Abgeschiedenheit, ideal zum Entspannen und Erholen.

Bald führt uns die C 719 durch einen Tunnel in die ersten Ausläufer der Serra de Tramuntana bis kurz vor Andratx.

Hier macht sie einen scharfen Knick nach Süden, dem wir nach Port d'Andratx folgen. Der fünf Kilometer entfernte Hafen gilt als einer der schönsten am Mittelmeer. Besonders den Seglern ist der Hafen von Andratx bekannt. Es sind Doppelorte, bei denen Hafen (Port d'Andratx) und Gemeinde (Andratx) relativ weit voneinander entfernt liegen, da man die Angriffe der Piraten befürchtete. Deshalb wurden die Gemeinden ins Landesinnere zurückgesetzt, während die Häfen lediglich als Ablegestelle und Lagerplätze dienten.

Wir fahren in den 7000 Einwohner zählenden Marktflecken Andratx. Umgeben von Mandel-, Öl- und Johannisbrotbäumen und von den grauen Felsen des Puig Galatzó (1025 m) bietet das freundliche Städtchen, historisch die Pfarrkirche mit dem Wehrturm aus dem Jahre 1236, mallorquinische Beschaulichkeit. Meist ist hier wenig Trubel, das ändert sich nur, wenn am Mittwoch der Wochenmarkt das Stadtbild mit seinem bunten lauten Treiben beherrscht.

Sant Elm und die Dracheninsel

Unbedingt sehenswert ist die ehemalige Pirateninsel sa Dragonera. Wir erreichen die Küste bei Sant Elm über die Straße PM 103 nach acht Kilometern von Andratx aus. Diese Strecke macht uns sehr viel Spaß. Die schmale Straße windet sich in vielen kleinen Kurven durch naturbelassene Landschaft. Hier werden wir auch bei s'Arracó mit leichten Serpentinen und einer bergigen Strecke gefordert. Der ehemalige Fischerort Sant Elm liegt an der westlichsten Spitze des mallorquinischen Hauptlandes, direkt gegenüber der Illa Dragonera. Auf der Dracheninsel, die seit 1988 unter

Naturschutz steht, hausen lediglich tausende kleiner Eidechsen und Vögel. Eine Fähre bringt von April bis Oktober interessierte Touristen auf die kahle Insel.

Nach der bequemen Küstentour fahren wir nun von Andratx über abenteuerliche Kurvenstraßen in das 8,5 Kilometer entfernte Capdellà. Bis in 500 Meter Höhe führt uns die von Felsen gesäumte Straße und wir genießen das Motorradfahren. Weiter fahren wir über Calvià bis zur PM 1 (Auffahrt Palma Nova nach 10 Kilometern) und biegen in Richtung Palma wieder auf die Autobahn. Nach 6,5 Kilometern erreichen wir Palma.

Cala Major

Unbedingt sehenswert ist das Kulturzentrum Joan Miró; es befindet sich im Haus des katalanischen Malers und Grafikers, der hier 1983 verstorben ist. Seine Werke findet man auf den Straßen und Plätzen von Palma de Mallorca. Die fantastischen, den Eindruck mikrokosmischer Fabelwelten hervorrufenden Gemälde Mirós sind häufig humoristisch gefärbt, er schuf auch Ballettdekorationen, keramische Dekorentwürfe und Plakate.

Nr.	Straße km	Position	Richtung	Information		Straße km
14	PM 1, 6,5 km	Palma Nova PM 1	Palma	Autobahn nach Palma, Tankstellen in Palma		PM 1, 6,5 km
13	-, 6 km	Calvià	Palma Nova / PM 1	kleine, kurvige Nebenstraße zur Autobahn nach Palma PM 1		-, 6 km
12	-, 4 km	Capdellà	Calvià	sehr schöne Bergstrecke		-, 4 km
11	-, 9,5 km	Andratx	Capdellà	abenteuerliche kleine Bergstraße, steil und kurvig, aber mit hohem Spaßfaktor und landschaftlich sehr schön		-, 9,5 km
10	C 719, 8 km	Andratx	Sant Elm	Abstecher: kurvige Nebenstraße, teils mit Serpentinen und bergig, sehr schöne Motorradstrecke, Fähre zur Insel sa Dragonera		C 719, 8 km
9	C 719, 4,5 km	Andratx	Port d'Andratx	Abstecher: schöne gut ausgebaute Hauptstraße, Tankstelle in Andratx		C 719, 4 km
8	C 719, 7 km	Peguera	Andratx	von Peguera aus den Richtungspfeilen Andratx folgen		C 719, 7 km
7	-, 7,5 km	Santa Ponça	Andratx	landschaftlich schöne Hauptstraße, viel Verkehr		-, 7,5 km
6	-, 5,5 km	Cala Figuera / Portals Vells	A	Abstecher: kurvige, schlecht ausgebaute Straße, schöne Aussichtspunkte		-, 5,5 km
5	C 719, 5,5 km	Palma Nova / Magaluf	Cala Figuera	Küstenstraße C 719, viel Verkehr und Touristen; Nemo U-Boot, Aquapark, Kartstrecke (unbedingt Wegweisung Magaluf beachten)		C 719, 5,5 km
4	C 719, 2,5 km	Portals Nous / Marineland	Palma Nova	Küstenstraße C 719, viel Verkehr und Touristen		C 719, 2,5 km
3	C 719, 2 km	Port Alt	Magaluf	links ab zum Meer nach Port Alt		C 719, 2 km
2	C 719, 3,5 km	Cala Major	Magaluf	Küstenstraße C 710, viel Verkehr und Touristen		C 719, 3,5 km
1	PM 1, 0,3 km	Palma / Castell de Bellver	Cala Major	vierspurige Schnellstraße bis Abzweig Cala Major, dann nach links		PM 1, 0,3 km

Dieses Roadbook zum Heraustrennen im Anhang

WESTLICHES MALLORCA

INFORMATION

• **Palma**
O.I.T.-Büro Plaça de la Reina 2, Tel. 971 71 22 16, Fax 971 72 02 51
O.I.T.-Büro Plaça d'Espanya, Tel. 971 71 15 27

• **Santa Ponça**
O.I.T.-Büro
C/. Puig de Galatzó, s/n
Tel. 971 69 17 12, Fax 971 69 41 37

• **Peguera**
O.I.T.-Büro
C/. Sebel.lí, s/n
Tel. 971 68 70 83, Fax 971 68 54 68

UNTERKUNFT

• **Peguera**
Palmira Beach
C/. José Maria Peman, 15–17
Tel. 971 68 72 47)
Unter deutscher Leitung

• **Sant Elm**
Hotel Aquamarin
Platja de Sant Elm, Tel. 971 23 91 05

• **Palma**
Hotel Born
C/. Sant Jaume, 3, Tel. 971 71 29 42

ESSEN & TRINKEN

• **Palma**
Celler Sa Premsa
Plaça Berenguer i Palau, 8
Tel. 971 72 35 29
Preiswerte mallorquinische Küche

Dalt Murada
C/. Sant Roc, 1 (hinter dem Palau Reial)
Tel. 971 71 44 64
Preiswertes Mittagsmenü

Restaurant es Baluard
Plaça Porta Santa Catalina, 9
Tel. 971 71 96 09
Feine mallorquinische Küche

La Bóveda
im Llotja-Viertel, C/. Boteria, 3
Tel. 971 71 48 63

Restaurant es Parlament
C/. Conquistador, 11
Tel. 971 72 60 26
Top-Adresse im alten Parlamentsgebäude

Casa Eduardo
es Mollet (über der Fischbörse am Yachthafen
Tel. 971 72 11 82
Fischspezialitäten, toller Blick auf die Kathedrale

• **Peguera**
La Gran Tortuga
Cala Fornells
Tel. 971 68 60 23

Restaurant La Gritta
Cala Fornells, C/. L'Espiga Aldea II
Tel. 971 68 60 22
Ausgezeichnete Fischgerichte

• **Genova**
sa Caseta
C/. Martinez Vaquer, 1
Tel. 971 70 15 72

• **Calvià**
Meson Can Torrat
C/. Major, 29–31
Tel. 971 67 06 82

Auch dieses Trike kann hier gemietet werden.

 MOTORRADFAHREN

In Andratx sollte man nochmal volltanken, da auf der Strecke die Tankstellen rar sind.

 **SEHENS-WÜRDIGKEITEN**

• **Palma**
Zahlreiche Sehenswürdigkeiten in der historischen Altstadt von Palma, z.B. die großartige gotische Kathedrale La Seu (Öffnungszeiten: Mo–Fr 10–18 Uhr, im Winter bis 15 Uhr, Sa 10–14 Uhr), der Almudaina-Palast, die einstige Seehandelsbörse La Lotja, die Reste der »Arabischen Bäder« und das Kloster Sant Francesc (gotischer Kreuzgang), mehrere Museen und die Patios (Innenhöfe) der Stadtpaläste. Palma bietet das ganze Jahr über ein buntes Kulturprogramm.

Auf Palmas Strandpromenade geht es meistens dicht gerängt zur Sache. Die weißen Caféhausstühle laden zum Plausch am Nachmittag ein.

Castell de Bellver
Hoch über dem Hafen, Zufahrt von El Terreno
Öffnungszeiten: Mo–Sa 8–18 Uhr, Juli/August bis 20 Uhr, So 10–19 Uhr, Juli/August 10–14 und 16–21 Uhr.

• **Portals Nous**
Marineland
An der Zufahrt zum Hafen
Öffnungszeiten: täglich ab 9.30 Uhr

Fahren mit Roadbook

Damit Sie die schönsten Touren ungehindert genießen können, erhalten Sie von uns das Roadbook zum schnellen Überblick zum Mitnehmen.

Mit Hilfe der Wegbeschreibungen und Kurzinfos erfahren Sie kurz und knapp, welche Abzweigungen Sie nehmen müssen und welche Attraktionen Sie am Straßenrand erwarten.

Am Anfang erhalten Sie einen kurzen Überblick über die Region und über den Routenverlauf. Das Roadbook selbst ist in übersichtliche Spalten aufgeteilt mit folgenden Informationen:

Die Kennzeichnungen **Nr./km** zählen die Kreuzungen und deren jeweilige Entfernungen zwischen den einzelnen Roadbook-Positionen auf.

Straße bezeichnet die Strecke mit der offiziellen inländischen Bezeichnung, auf der Sie sich befinden.

Position nennt die Ortschaft oder den Ort, an dem Sie sich gerade befinden.

Die Spalte **Richtung** weist darauf hin, welche Richtung Sie einschlagen müssen, um in einen Ort zu gelangen.

Piktogramme geben Ihnen genaue Anweisungen, welchen Abzweigungen Sie an den Kreuzungen folgen sollten.

Weitere Piktogramme finden Sie in der Spalte **Information**. Hier werden Sie auf besondere Sehenswürdigkeiten oder Übernachtungsmöglichkeiten hingewiesen.

Die einzelnen Piktogramme:

✪	Sehenswert	✕	Bikerfreundliche Gaststätte
⛪	Kirche	T	Tankstelle
🏰	Schloss	≈	Badestrand
🏛	Museum	P	Parkplatz
✳	Aussicht rundum	⋀	Campingplatz
◪	Aussicht halb	A	Alternative, Abstecher
!	Achtung	⛴	Fähre/Schiff
☾	Hotel/Übernachtung	i	Info

Roadbook

**Die jeweiligen Roadbooks
zum Heraustrennen und Mitnehmen**

Roadbook 1

Die schönsten Routen auf Mallorca

Gebiet: Nordwestliches Mallorca
Region: Serra de Tramuntana
Routenverlauf: Andratx – Estellencs – Banyalbufar – Valldemossa – Esporles – Puigpunyent – Capdellà – Andratx

Nr.	Straße / km	Position	Richtung	Information	
15	- / 8,5 km	Capdellà	Andratx	an der Kreuzung nach rechts Richtung Andratx, schöne kurvige Bergstraße, Vorsicht!	- / 8,5 km
14	- / 7,5 km	Galilea	Capdella	geradeaus, schöne kurvige Bergstraße, viele Kehren, Schmutz auf der Fahrbahn, Vorsicht!	- / 7,5 km
13	- / 5 km	Puigpunyent	Galilea	geradeaus, schöne kurvige Bergstraße, viele Kehren, Schmutz auf der Fahrbahn, Vorsicht!	- / 5 km
12	- / 9 km	sa Granja	Puigpunyent	an den Kreuzungen Richtung Andratx, schöne kurvige Bergstraße, viele Kehren	- / 9 km
11	PM 104 / 1,5 km	Esporles	sa Granja	von der PM 104 nach links in den Parkplatz vor der Finca sa Granja abbiegen, sehenswerte Finca	PM 104 / 1,5 km
10	PM 104 / 1,5 km	Kreuzung / Esporles / Palma	Esporles	-	PM 104 / 1,5 km
9	PM 112 / 4,5 km	s'Esgleieta	Kreuzung / Esporles / Palma	Stichstraße auf PM 104, nach rechts abbiegen, Richtung Esporles	PM 112 / 4,5 km
8	PM 111 / 7 km	Valldemossa	s'Esgleieta	Richtung Palma halten, in s'Esgleieta nach rechts auf die PM 112	PM 111 / 7 km
7	PM 111 / 1 km	Kreuzung / Valldemossa	Valldemossa	immer nach Valldemossa halten, Kartäuserkloster, Tankstelle in Valdemossa	PM 111 / 1 km
6	C 710 / 0,5 km	Abzweig Port de Valldemossa	Kreuzung / Valldemossa	an der Kreuzung nach rechts auf die PM 111	C 710 / 0,5 km
5	- / 7,5 km	Abzweig Port de Valldemossa	Port de Valldemossa **A**	Abstecher Aussichtspunkt	- / 7,5 km
4	C 710 / 8 km	Kreuzung / Valldemossa	Abzweig Port de Valldemossa	Abzweig nach links Richtung Son Mas Port de Valldemossa	C 710 / 8 km
3	C 710 / 8 km	Banyalbufar	Kreuzung / Valldemossa	Aussichtspunkt, an der Kreuzung nach links Richtung Valldemossa	C 710 / 8 km
2	C 710 / 8,5 km	Estellencs	Banyalbufar	Küstenstraße, Torre de ses Animes Badestrand bei Banyalbufar, kurvige Bergstraße, nur für geübte Motorradfahrer	C 710 / 8,5 km
1	C 710 / 18 km	Andratx	Estellencs	von Andratx geradeaus in Richtung Estellencs fahren; Bergstraße, schöner Parkplatz bei es Grau	C 710 / 18 km

 **INFORMATION**

• **Palma**
O.I.T.-Büro, Plaça de la Reina, 2
Tel. 971 71 22 16, Fax 971 72 02 51

O.I.T.-Büro Plaça d'Espanya,
Tel. 971 71 15 27

• **Valldemossa**
O.I.T.-Büro in der Kartause
Tel. 971 61 21 06

✉ **Bruckmann**

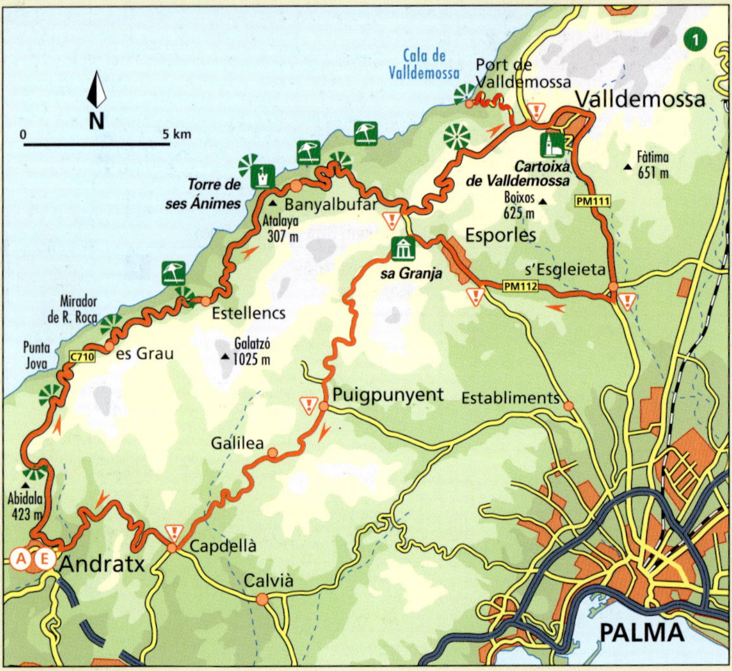

UNTERKUNFT

• **Banyalbufar**
Mar i Vent
C/. Major, 49
Tel. 971 61 80 00

Hostal Baronia
sa Baronia, 16
Tel. 971 61 81 46

• **Esporles**
La Posada del Marques
Finca es Verger
Tel. 971 61 12 30

S'Hostal d'Esporles
Plaça d'Espanya, 8
Tel. 971 61 02 02

• **Estellencs**
Hotel Maristel
C/. Eusebio Pascual, 10
Tel. 971 61 02 82

ESSEN & TRINKEN

• **Estellencs**
Son Llarg
im Ortszentrum
Tel. 971 61 85 76
Speisen am Treppenaufgang

• **Banyalbufar**
Son Tomàs
an der südlichen Ortseinfahrt
Tel. 971 61 81 49
Fischspezialitäten

• **Valldemossa**
Son Moragues
1 km westlich des Ortes
Tel. 971 61 61 11
Mo geschlossen
authentische, leichte mallorquinischer Küche

• **Esporles**
Restaurant im Landgut sa Granja

Roadbook 2
Die schönsten Routen auf Mallorca

Nr.	Straße km	Position	Richtung	Information		Straße km
17	PM 211 / 4 km	Inca	Lloseta	an den Kreuzungen immer Richtung Lloseta halten, gut ausgeschildert, Bahnlinie Inca / Palma muss links liegen	☆	PM 211 / 4 km
16	PM 223 / 4 km	Selva	Inca	gut ausgebaute Straße, Tankstelle in Inca	T	PM 223 / 4 km
15	PM 223 / 12 km	Kreuzung Pollença / Lluc	Selva	Abzweig nach rechts nach Selva / Inca	☆	PM 223 / 12 km
14	C 710 / 9,5 km	Abzweig	Kreuzung Pollença / Lluc	Abzweig nach links Richtung Pollença, Bergstraße, Tankstelle bei Lluc	T ☆	C 710 / 9,5 km
13	CMV 2141 / 12 km	Abzweig nach sa Calobra	sa Calobra	Abstecher: Torrent de Pareis, schöner Badestrand	☆ ≋ ⚑	CMV 2141 / 12 km
12	C 710 / 1 km	Gorg Blau	Abzweig nach sa Calobra	Abzweig nach dem Tunnel nach links Richtung sa Calobra	❀ ☒ ☆	C 710 / 1 km
11	C 710 / 16 km	Kreuzung / Gorg Blau	Gorg Blau	Parkplatz vor dem Tunnel	P	C 710 / 16 km
10	- / 1,5 km	Fornalutx	Kreuzung/ Gorg Blau	Bergstraße zur C 710, an der Kreuzung nach rechts	! ❀	- / 1,5 km
9	- / 5,5 km	Sóller/ Bahnhof	Fornalutx	vom Bahnhof Richtung Fornalutx, Bergstraße. Pässe bis 800 Meter, Kurvengeschlängel	! ☆	- / 5,5 km
8	C 711 / 1 km	Sóller / Bahnhof	Kreuzung / Sóller	Abstecher: an der Kreuzung geradeaus Richtung Port de Sóller	⚑ A	C 711 / 1 km
7	C 711 / 1 km	Kreuzung / Sóller	Sóller / Bahnhof	Straßenbahn nach Port de Sóller oder Zug nach Palma	T ☒ 🚊 ☆	C 711 / 1 km
6	C 710 / 6 km	Llucalcari	Kreuzung / Sóller	kurvenreiche Küstenstrecke mit schlechtem Fahrbahnbelag	! ❀ ☆	C 710 / 6 km
5	C 710 / 3 km	Abzweig Cala Deià	Llucalcari	kurvenreiche Küstenstrecke mit schlechtem Fahrbahnbelag	! ❀ ☆	C 710 / 3 km
4	- / 2 km	Abzweig Cala Deià	Cala Deià [A]	Abstecher: Badestrand	❀ ☆ ≋	- / 2 km
3	C 710 / 1 km	Cala Deià	Abzweig Cala Deià	nach links zur Cala Deià	❀ A ☆	C 710 / 1 km
2	C 710 / 2 km	Son Marroig	Deià	Küstenstraße; Aussichtspunkte	❀	C 710 / 2 km
1	C 710 / 8 km	Valldemossa	Son Marroig	Tankstelle in Valldemossa, schöner Aussichtspunkt mit Kiosk am Son Marroig	☆ ❀ ☒	C 710 / 8 km

Bruckmann

Nr.	Straße / km	Position	Richtung	Information	
31	C 710 / 15 km	Sóller	Vallde-mossa	in Sóller der Wegweisung Valldemossa folgen	C 710 / 15 km
30	C 711 / 10 km	Coll de Sóller	Sóller	nach dem Tunnel wieder auf die C 711	C 711 / 10 km
29	- / 4 km	Jardins de Alfàbia	Coll de Sóller	kurvige Straße zum Coll de Sóller; Café	- / 4 km
28	C 711 / 4 km	Kreuzung / C 711	Jardins de Alfàbia	großer Parkplatz vor dem Tunnel	C 711 / 4 km
27	- / 1 km	Bunyola	Kreuzung / C 711	-	- / 1 km
26	PM 210 / 11 km	Orient	Bunyola	Bergstraße mit vielen Serpentinen	PM 210 / 11 km
25	PM 210 / 4 km	Solleric	Orient	Bergstraße	PM 210 / 4 km
24	PM 210 / 4 km	Abzweig / Puig d'Alaró	Solleric	am Abzweig links, Bergstraße	PM 210 / 4 km
23	- / 2 km	Abzweig / Puig d'Alaró	Puig d'Alaró	Abstecher: schlechte Straße bis zum Parkplatz des Restaurants und der Burg	- / 2 km
22	PM 210 / 1,5 km	Alaró	Abzweig / Puig d'Alaró	links abbiegen	PM 210 / 1,5 km
21	PM 210 / 5 km	Consell	Alaró	in Consell nach rechts abbiegen, gut ausgebaute Straße	PM 210 / 5 km
20	C 713 / 1,5 km	Kreuzung / C 713	Consell	an der Kreuzung nach rechts, Richtung Consell/Palma, gut ausgebaute Straße	C 713 / 1,5 km
19	- / 1 km	Binissalem	Kreuzung / C 713	links zur C 713 aus dem Dorf heraus	- / 1 km
18	- / 5 km	Lloseta	Binissalem	in Lloseta zum Bahnhof	- / 5 km

INFORMATION

• **Valldemossa**
O.I.T.-Büro in der Kartause
Tel. 971 61 21 06

• **Sóller**
O.I.T.-Büro im Rathaus
Plaça de Constitució
Tel. 971 63 02 00, Fax 971 63 37 22

UNTERKUNFT

• **Deià**
Hotel des Puig
C/. es Puig
Tel. 971 63 94 09

Roadbook 3
Die schönsten Routen auf Mallorca

Gebiet: Nördliches Mallorca
Region: Serra de Tramuntana
Routenverlauf: Inca – Lluc – Pollença – sa Pobla – Búger – Inca

Nr.	Straße km	Position	Richtung	Information	
17	C 713 / 3 km	Abzweig Puig de Inca	Inca	gut ausgebaute Straße	C 713 / 3 km
16	- / 3 km	Abzweig Puig de Inca	Puig de Inca	Abstecher: Bergstraße mit Serpentinen zur Ermita Santa Magdalena	- / 3 km
15	C 713 / 5 km	Kreuzung Alcúdia / Inca	Inca	nach links Richtung Inca auf die C 713	C 713 / 5 km
14	- / 1,5 km	Búger	Kreuzung Alcúdia / Inca	bis zur Kreuzung Richtung Campanet	- / 1,5 km
13	- / 4,5 km	sa Pobla	Búger	durch sa Pobla unbedingt der Beschilderung nach Búger folgen, nicht nach Palma; Tankstelle	- / 4,5 km
12	PM 220 / 2,5 km	Kreuzung / Inca / Alcúdia	sa Pobla	über die Kreuzung, Richtung sa Pobla/Muro	PM 220 / 2,5 km
11	PM 220 / 11,5 km	Abzweig Ermita	Kreuzung / Inca / Alcúdia	gut ausgebaute Landstraße	PM 220 / 11,5 km
10	- / 2 km	Abzweig Ermita	Puig de Maria	sehr schlechte Straße, aber für geübte Endurofahrer sicher kein Problem	- / 2 km
9	PM 220 / 1 km	Pollença	sa Pobla	von Pollença auf die PM 220, landschaftlich schöne Strecke	PM 220 / 1 km
8	- / 4 km	Abzweig / Cala Sant Vicenç	Cala Sant Vicenç	besonders schöner Badestrand	- / 4 km
7	PM 220 / 1,5 km	Pollença	Port de Pollença	geradeaus, Tankstelle in Pollença	PM 220 / 1,5 km
6	C 710 / 19,5 km	Abzweig Lluc	Pollença	auf die C 710 nach links zurück, kurvenreiche Straße	C 710 / 19,5 km
5	- / 1,5 km	Abzweig Lluc	Monestir de Lluc	nach links Richtung Kloster Lluc; Großer Parkplatz	- / 1,5 km
4	C 710 / 1,5 km	Kreuzung Lluc/Sóller	Abzweig Lluc	an der Kreuzung rechts	C 710 / 1,5 km
3	PM 223 / 10 km	Caimari	Kreuzung Lluc / Sóller	ab Caimari geht es ins Gebirge, Bergstraße	PM 2123 / 10 km
2	PM 223 / 2,5 km	Selva	Caimari	gut ausgebaute Landstraße	PM 2123 / 2,5 km
1	PM 223 / 3,5 km	Inca	Selva	Tankstelle in Inca, gut ausgebaute Landstraße	PM 233 / 3,5 km

Bruckmann

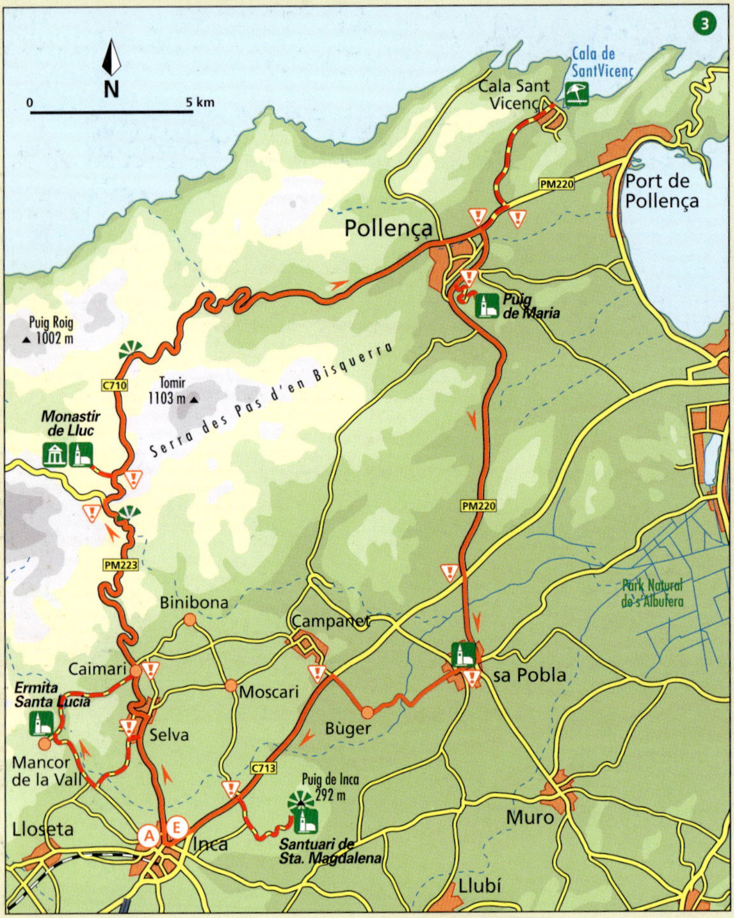

(3)

Cala de Sant Vicenç
Cala Sant Vicenç
Port de Pollença
Pollença
PM220

Puig de Maria

Puig Roig
▲ 1002 m

C710

Tomir
1103 m ▲

Serra des Pas d'en Bisquerra

Monastir de Lluc

PM220

PM223

Park Natural de s'Albufera

Binibona
Campanet
sa Pobla

Caimari
Moscari
Bùger

Ermita Santa Lucia
Selva

Mancor de la Vall
C713

Puig de Inca
292 m
Muro

Lloseta
A E Inca
Santuari de Sta. Magdalena
Llubí

0 — 5 km
N

INFORMATION

• Port de Pollença
O.I.T.-Büro
Ctra. de Formentor, 31
Tel./Fax 971 86 54 67

UNTERKUNFT

• Pollença
Hotel Juma
Plaça Major, 9. Tel. 971 53 50 02
familiäres Stadthotel

• Port de Pollença
Hostal Bahia
Passeig Voramar, s/n
direkt am Meer gelegen, Tel. 971 53 10 93

ESSEN & TRINKEN

• Inca
Celler Can Amer
C/. Pau, 39, Tel. 971 50 12 61
Eine Institution in Sachen mallorquinische Küche
Restaurant Can Moreno
C/. Gloria, 3, Tel. 971 50 35 20

Roadbook 4
Die schönsten Routen auf Mallorca

Gebiet: Nördliches Mallorca
Region: Inselebene es Pla
Routenverlauf: Selva – Pollença – Port de Pollença – Formentor – Alcúdia – Albufera – sa Pobla – Campanet – Selva

Nr.	Straße km	Position	Richtung	Information	
17	– 5,5 km	Campanet	Selva	kleine Landstraße nach Selva	– 5,5 km
16	– 2 km	Abzweig	Campanet	kleine Landstraße, Tankstelle in Campanet	– 2 km
15	C 713 2,5 km	Kreuzung C 713	Abzweig	gut ausgebaute schnelle Hauptstraße; links in Richtung Inca	C 713 2,5 km
14	– 3 km	sa Pobla	Kreuzung C 713	Landstraße bis zur Kreuzung C 713 Inca/ Alcúdia	– 3 km
13	– 5,5 km	Weggabelung	sa Pobla	Tankstelle in sa Pobla	– 5,5 km
12	– 6 km	Kreuzung / sa Pobla/Muro	Weggabelung	Landstraße Richtung sa Pobla/Muro	– 6 km
11	C 712 9,5 km	Port d'Alcúdia	Kreuzung / sa Pobla / Muro	gut ausgebaute Landstraße an der Küste der Badia d'Alcúdia bis zur Kreuzung sa Pobla/ Muro; Naturschutgebiet s'Albufera	C 712 9,5 km
10	– 9,5 km	Port d'Alcúdia	Ermita de la Victòria	Abstecher: kleine, kurvenreiche Straße bis zur Ermita de la Victòria; Restaurant, Parkplatz	– 9,5 km
9	– 2 km	Alcúdia	Port d'Alcúdia	Stadtstraße, Tankstelle in Alcúdia, römische Ausgrabungen, Stadttor	– 2 km
8	PM 222 9 km	Port de Pollença	Alcúdia	Küstenstraße an der Badia de Pollença entlang, viele Hotels	PM 222 9 km
7	PM 221 18,5 km	Formentor	**A** –	Abstecher: kurvenreiche Straße zum nördlichsten Kap, super Aussicht, Kiosk	PM 221 18,5 km
6	PM 220 5 km	Port de Pollença	Formentor	schöne Lanstraße, Tankstelle in Port de Pollença, viele Restaurants und Hotels	PM 220 5 km
5	PM 220 13 km	Pollença	Port de Pollença	schöne Landstraße, Tankstelle in Pollença	PM 220 13 km
4	C 713 2,5 km	Kreuzung / C 713 / PM 220	Pollença	Landstraße C 713 bis zur Kreuzung, dort auf die PM 220 Richtung Pollença	C 713 2,5 km
3	– 3,5 km	Coves de Campanet	Kreuzung / C 713 / Inca / Alcúdia	bequeme Straße bis zur Kreuzung, dort auf die C 713 Richtung Alcúdia	– 3,5 km
2	– 2 km	Campanet	Coves de Campanet	vor Campanet links der Wegweisung zu den Cuevas folgen; großer Parkplatz, Coves de Campanet	– 2 km
1	– 5,5 km	Selva	Campanet	schöne bequeme Straße	– 5,5 km

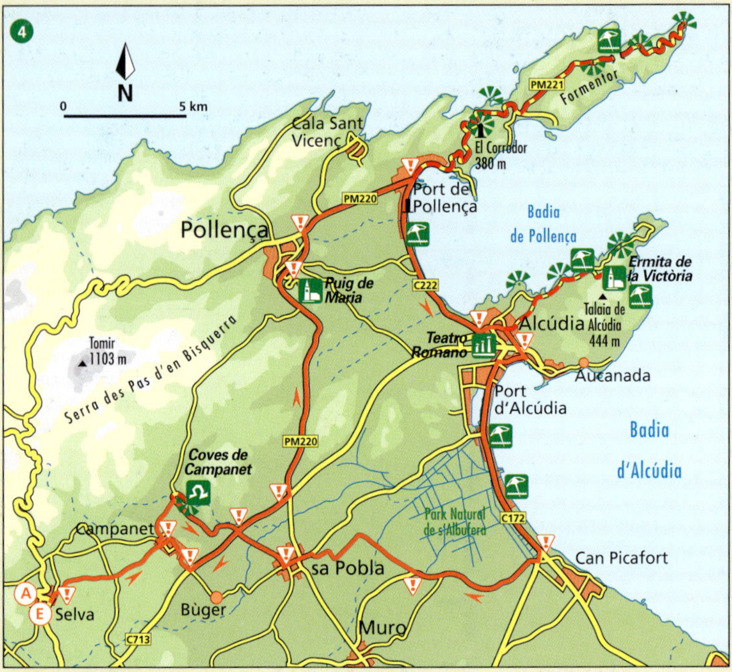

④

N

0   5 km

Cala Sant Vicenç

Port de Pollença

El Corredor 380 m

PM221 Formentor

Badia de Pollença

PM220

Pollença

Ruig de Maria

C222

Ermita de la Victòria

Talaia de Alcúdia 444 m

Alcúdia

Aucanada

Teatro Romano

Port d'Alcúdia

Tomir 1103 m

Serra des Pas d'en Bisquerra

PM220

Coves de Campanet

Badia d'Alcúdia

Campanet

Park Natural de s'Albufera

C172

sa Pobla

Can Picafort

A E Selva

Bùger

C713

Muro

 INFORMATION

• Port d' Alcúdia
O.I.T.-Büro
C/. dels Mariners, Tel. 971 89 26 15

• Can Picafort
O.I.T.-Büro
C/. Gabriel Roca, 6
Tel. 971 85 03 10, Fax 971 85 18 36

 **UNTERKUNFT**

• Port d'Alcúdia
Hotel Mal Pas
in der Nähe des Jachthafens
mehrere kleine Gebäude in einem Pinienwald
Tel. 971 54 51 43

• Can Picafort
Campingplatz, direkt neben der Hauptstraße
Tel. 971 53 78 63

ESSEN & TRINKEN

• Inca
Celler Can Amer
C/. Pau, 39
Tel. 971 50 12 61
Eine Institution in Sachen mallorquinische Küche

Restaurant Can Moreno
C/. Gloria, 3, Tel. 971 50 35 20

• Alcúdia
Can Costa
C/. Sant Vicenç, 14, Tel. 971 54 53 94
Die beste Adresse in Alcúdia, daneben ein Bistró für den kleinen Hunger.

• Pollença
Il Giardino
an der Plaça Major, Tel. 971 53 43 02
Italienische Küche

Roadbook 5
Die schönsten Routen auf Mallorca

Gebiet: Nordöstliches Mallorca
Region: Inseleben es Pla
Routenverlauf: Inca – Llubi – Muro – Can Picafort – Santa Margalida – Ariany – Petra – Sineu – Sencelles – Inca

Nr.	Straße km	Position	Richtung	Information	
17	PM 312 / 10 km	Sencelles	Inca	gut ausgebaute Nebenstraße	PM 312 / 10 km
16	PM 314 / 5 km	Kreuzung / PM 314	Sencelles / Inca	an der Kreuzung links Richtung Sencelles / Inca abbiegen; gute, landschaftlich schöne Nebenstraße	PM 314 / 5 km
15	- / 7 km	Sineu	Kreuzung / PM 314	Tankstelle in Sineu, Tiermarkt in Sineu sehr interessant	- / 7 km
14	PM 330 / 10,5 km	Petra	Sineu	sehr schöne Nebenstraße, Tankstelle in Petra	PM 330 / 10,5 km
13	- / 4 km	Petra	Ermita de N.S. Bonany	zwischen Steinmauern führt der kurvige Weg nach oben, schlechter Fahrbahnbelag	- / 4 km
12	PM 334 / 5,5 km	Petra	Felanitx	schöne Nebenstrecke, Museum in Petra sehenswert	PM 344 / 5,5 km
11	- / 2,5 km	Ariany	Sineu / Petra	kleine Nebenstraße mit schönen Ausblicken	- / 2,5 km
10	PM 334 / 6 km	Maria de la Salut	Sineu / Petra	gut ausgebaute Nebenstraße, landschaftlich sehr reizvoll	PM 334 / 6 km
9	PM 341 / 9,5 km	Santa Margalida	Sineu	gut ausgebaute Hauptstraße	PM 341 / 9,5 km
8	PM 341 / 2 km	Ringverkehr / Can Picafort	Santa Margalida / Petra	im Ring Richtung Santa Margalida / Petra ausfahren; Hauptstraße, schneller Verkehr	PM 341 / 2 km
7	C 712 / 4 km	Can Picafort	Artà	Küstenstraße mit viel Touristenverkehr	C 712 / 4 km
6	- / 10,5 km	Muro	Can Picafort	gut ausgebaute Nebenstraße	- / 10,5 km
5	350 / 7,5 km	Llubí / Ortsende	sa Pobla / Muro	nach rechts Richtung sa Pobla / Muro fahren; Tankstelle in Muro, Eisenbahnstrecke	350 / 7,5 km
4	- / 4 km	Llubí / Ortsende	Ermita del Sant Crist del Remei	Abstecher: schmale Nebenstraße, gut beschildert; Parkplatz	PM 211 / 4 km
3	- / 4 km	Llubí / Ortsumgehung	Llubí / Ortsende	Tankstelle in Llubí	- / 1 km
2	PM 344 / 4 km	Kreuzung PM 344 / 350	Llubí	geradeaus über die Kreuzung nach Llubí	PM 344 / 4 km
1	PM 344 / 4 km	Inca	Llubí / Muro	bis zur Kreuzung PM 344 / 350, schöne bequeme Hauptstraße, Tankstelle bei Inca	PM 344 / 4 km

Bruckmann

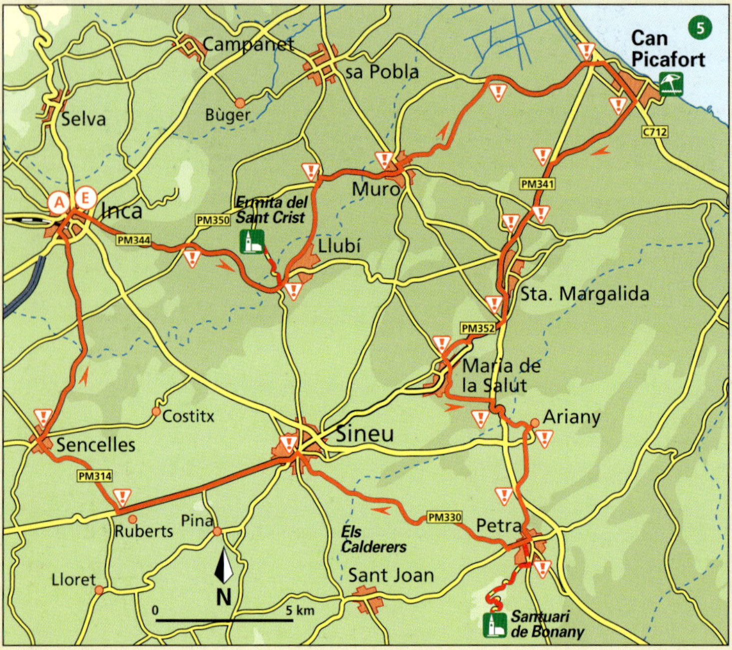

Map of the region showing Can Picafort, Inca, Muro, Sta. Margalida, Sineu, Petra and surrounding towns.

INFORMATION

• **Can Picafort**
O.I.T.-Büro
C/. Gabriel Roca, 6
Tel. 971 85 03 10, Fax 971 85 18 36

UNTERKUNFT

• **Can Picafort**
Hotel Sol
Avga. Jaume I.
Tel. 971 85 02 21

Campingplatz,
direkt neben der Hauptstraße
Tel. 971 53 78 63

ESSEN & TRINKEN

• **Inca**
Celler Can Amer
C/. Pau, 39
Tel. 971 50 12 61
Eine Institution in Sachen mallorquinische
Küche

Restaurant Can Moreno
C/. Gloria, 3, Tel. 971 50 35 20

• **Petra**
es Celler
C/. de l'Hospital, 46, Tel. 56 10 56

• **Sineu**
Moli d'en Pau
Ctra. Santa Margarita, 25
gleich neben der Hauptstraße Inca –
Manacor
Tel. 971 85 51 16
Hervorragende Inselküche in einer alten
Mühle

Roadbook 6

Die schönsten Routen auf Mallorca

Nr.	Straße / km	Position	Richtung	Information		
17	C 717 / 14 km	Campos	Llucmajor	gut ausgebaute Straße mit viel Verkehr, Tankstelle in Campos	T	C 717 / 14 km
16	PM 512 / 12 km	Felanitx	Campos	landschaftlich schöne Hauptstraße		PM 512 / 12 km
15	- / 8 km	Castell de Santueri	A	schmale, steinige und kurvige Straße zum Castell de Santueri, viele Schlaglöcher und oft ausgebessert		- / 8 km
14	PM 512 / 1 km	Felanitx	Campos / Santanyí	durch Felanitx der Beschilderung Richtung Campos / Santanyí folgen, noch in der Stadt zweigt die C 714 ab		PM 512 / 1 km
13	- / 4 km	Santuari de Sant Salvador	A	die Abzweigung erkennt man an zwei Steinsäulen rechts nach 2 km, viele Serpentinen, schmale Straße bergauf		- / 4 km
12	PM 401 / 2 km	Felanitx	Portocolom	Abstecher: von Felanitx Richtung Portocolom PM 401 folgen		PM 401 / 2 km
11	C 714 / 13 km	Manacor	Felanitx	in Manacor der Wegweisung nach Felanitx C 714 folgen, Tankstelle in Felanitx, gut ausgebaute, schöne Hauptstraße		C 714 / 13 km
10	C 715 / 9 km	Villafranca de Bonany	Manacor	viel befahrene Hauptstraße		C 715 / 9 km
9	C 715 / 1 km	Finca els Calderers	Villafranca de Bonany	viel befahrene Hauptstraße		C 715 / 1 km
8	- / 6,5 km	Sant Joan	Finca els Calderers	an der Kreuzung nach links zur Finca. Vorsicht: Reisebusse und teils nicht befestigte Straße, großer Parkplatz bei der Finca	P	- / 6,5 km
7	- / 3,5 km	Sant Joan	Ermita de la Consolación	von Sant Joan fahren wir links zur Santuari de la Mare de Deu de Consolació (kleine Gasse)		- / 3,5 km
6	C 715 / 8 km	Abzweig / Sant Joan	Sant Joan / A	Abstecher: kleine Nebenstraße führt uns nach Sant Joan		C 715 / 8 km
5	C 715 / 0,5 km	Ermita de Sant Miquel	Villafranca de Bonany	unter der Hauptstraße durch, auf der anderen Seite rechts der Beschilderung folgen, Parkplatz, Restaurant		C 715 / 0,5 km
4	- / 1,5 km	Montuïri	Ermita Sant Miquel / A	die Stadt hat enge Straßen, ist aber wunderschön anzuschauen		- / 1,5 km
3	503 / 9 km	Porreres	Montuïri	reizvolle Straße zwischen Weingärten und Aprikosenplantagen hindurch		PM 503 / 9 km
2	- / 3,5 km	Santuari de Monti-Sion	Porreres / A	Abstecher: zum Santuari steile, schmale Bergstraße, fantastischer Ausblick		- / 3,5 km
1	PM 502 / 11 km	Llucmajor	Porreres	landschaftlich schöne Straße, Tankstelle in Llucmajor		PM 502 / 11 km

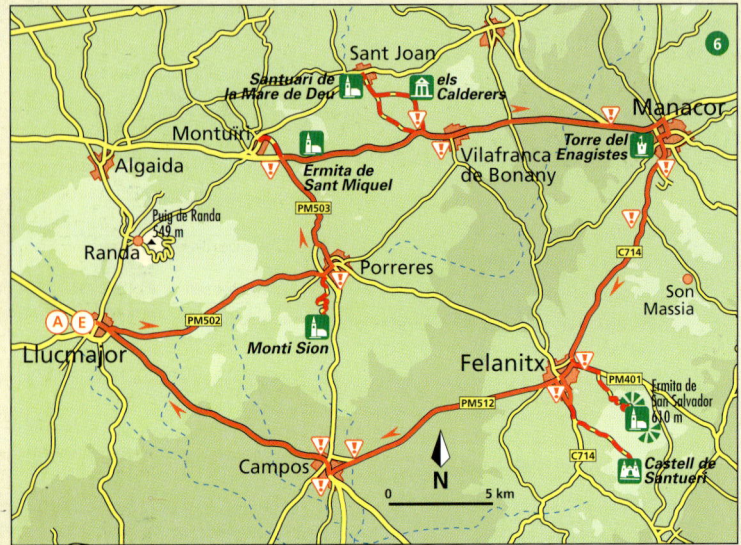

INFORMATION

• **Manacor**
Kulturabteilung im Rathaus
Tel. 971 84 91 02

UNTERKUNFT

• **Manacor**
Hotel Can Guixá
C/. Alfareros, 15
Tel. 971 55 36 97

• **Montuïri**
Hostal Puig de Sant Miquel
Abzweigung von der Ctra. de Manacor bei km 31
Tel. 971 64 63 14)

ESSEN & TRINKEN

• **Felanitx**
Cafè des Mercat
C/. Major, 26
Tel. 971 58 00 08
Bodenständig, frisch und günstig

MOTORRADFAHREN

Die hohen Erhebungen bei Randa lassen uns zu Vorsicht auf der Straße mahnen. Immer wieder sind die Wege mit Steinen und Kiefernnadeln verschmutzt, die eine große Rutschgefahr für Zweiräder darstellen.
Der Ausflug zum Meer bringt uns auf einer schlechten Straße Hitze und Durst. Also immer eine Flasche Wasser dabeihaben.

SEHENSWÜRDIGKEITEN

• **Manacor**
Torre dels Enagistes
Ctra. Manacor – Cales de Mallorca
Öffnungszeiten: Di–Do 9–13 Uhr
oder nach Vereinbarung (Tel. 971 84 91 02)

Perlenfabrik Majorica
C/. Majorica, 48
an der Ortseinfahrt aus Richtung Palma
Öffnungszeiten: Mo–Fr 9–12 und 15–17.30 Uhr, Sa/So 10–13 Uhr, Tel. 971 55 02 00

Roadbook 7
Die schönsten Routen auf Mallorca

Gebiet: Südliches Mallorca
Region: Inselebene und Südküste
Routenverlauf: Palma – Algaida – Randa – Llucmajor – Cala Pi – Cap Blanc – Cala Blava – s'Arenal – Palma

Nr.	Straße km	Position	Richtung	Information		
14	- 3,5 km	Can Pastilla	Palma	sehr viel Verkehr; auf Touristen und Badegäste achten		C 710 9,5 km
13	- 5,5 km	s'Arenal	Can Pastilla	von Aquacity durch die Hotelanlagen direkt auf die Küstenstraße fahren; das Meer muss immer links zu sehen sein		- 5,5 km
12	- 2 km	Aquacity / s'Arenal	Palma	der Freizeitpark Aquacity liegt rechts an der Straße, großer Parkplatz und Restaurant		- 2 km
11	- 3 km	Cala Blava	Palma	schöne Küstenstraße Richtung Palma, Badeplätze		- 3 km
10	- 16 km	Cap Blanc	Cala Blava	schöne Küstenstraße Richtung Palma / Cala Blava		- 16 km
9	- 5 km	Weggabel	Cap Blanc	schmale, kurvenreiche Nebenstraße		- 5 km
8	- 4 km	Cala Pi	Cap Blanc	schmale, kurvenreiche Nebenstraße, schöner Badestrand an der Cala Pi		- 4 km
7	- 4 km	Abstecher / Capocorb Vell	Cala Pi	großer Parkplatz bei Capocorb Vell, prähistorische Fundstätte		- 4 km
6	PM 501 13,5 km	Llucmajor	Cap Blanc	von Llucmajor Richtung Cap Blanc und Cala Pi auf einer sehr gut ausgebauten Nebenstraße herausfahren, Tankstelle in Llucmajor		- 13,5 km
5	PM 501 4 km	Abzweig Puig de Randa	Llucmajor	auf der PM 501 nach Llucmajor, sehr gut ausgebaute Nebenstraße		PM 501 4 km
4	- 5 km	Abzweig Puig de Randa	Puig de Randa	Abstecher: kleine, kurvige Zufahrtsstraße bergauf, Parkmöglichkeiten, Vorsicht: Steine und Kiefernnadeln auf der Fahrbahn		- 5 km
3	PM 501 3,5 km	Algaida	Llucmajor	landschaftlich schöne Nebenstraße, Tankstelle in Algaida		PM 501 3,5 km
2	C 715 4 km	Glashütte Algaida	Algaida	stark befahrene Hauptstraße, großer Parkplatz vor der Glashütte		C 715 4 km
1	C 715 24 km	Palma	Algaida	stark befahrene Hauptstraße, z. T. vierspurig ausgebaut, Tankstellen in Palma		C 715 24 km

INFORMATION

• Palma
O.I.T.-Büro, Plaça de la Reina, 2
Tel. 971 71 22 16, Fax 971 72 02 51
O.I.T.-Büro Plaça d'Espanya, Tel. 971 71 15 27

• s'Arenal
O.I.T.-Büro
Plaça Reina M. Cristina, s/n
Tel. 971 44 04 14

Bruckmann

MAP LABELS:

PM20

PALMA

Son Ferriol

C715

Glashütte

Gordiola

Algaida

El Molinar

PM19

Prähist. Park

PM501

Can Pastilla

Puig de Randa

549 m

Platja de Palma

Las Maravillas

Randa

s'Arenal

Cala Blava

Aquacity

Llucmajor

Badia
de
Palma

Badia
Grande

PM501

Cap de Regana

*Capocorb
Vell*

N

0   5 km

Cala Pi

s'Estanyol

Cap Blanc

Cala Pi

Vall-
gornera

UNTERKUNFT

• **s'Arenal**
Zahlreiche Hotels an Mallorcas längster (und lautester) Strandmeile

ESSEN & TRINKEN

• **Palma**
Celler Sa Premsa
Plaça Berenguer i Palau, 8
Tel. 971 72 35 29
Preiswerte mallorquinische Küche

Dalt Murada
C/. Sant Roc, 1 (hinter dem Palau Reial)
Tel. 971 71 44 64
Preiswertes Mittagsmenü

MOTORRADFAHREN

Auf Mallorca ist es fast immer warm, sehr oft heiß. Deshalb sollte man einen genügend großen Wasservorrat bei sich haben. Wir haben es uns auch angewöhnt, immer ein kleines Studentenfutter (Nüsse und Rosinen) mit zu nehmen. Damit wir nicht jede teure Imbissbude stürmen müssen.

SEHENSWÜRDIGKEITEN

• **s'Arenal**
Aquacity
Öffnungszeiten: Mai–Oktober
täglich 10–17 Uhr

Roadbook 8

Die schönsten Routen auf Mallorca

Gebiet: Mallorcas Ostküste
Region: Serra de Llevant
Routenverlauf: Manacor – Portocristo – Coves dels Harms – Coves del Drac – Portocolom – Cala d'Or – Portopetro – Cala Figuera – Santanyí – ses Salines - Campos – Felanitx - Manacor

Nr.	Straße / km	Position	Richtung	Information	
17	PM 512 / 26 km	Campos	Felanitx / Manacor / C 714	Tankstellen in Campos und Felanitx, landschaftlich reizvolle Hauptstraße mit viel Verkehr, von Felanitx bis Manacor auf der C 714	PM 512 / 26 km
16	PM 604 / 8 km	Colònia de Sant Jordi	Campos	links das Kurbad Banys de San Jordi, rechts die Salinen, zur Ermita de San Blas kleiner Feldweg rechts ab	PM 604 / 8 km
15	- / 8 km	Kreuzung / PM 610 / PM 611	Colònia de Sant Jordi	landschaftlich reizvolle Nebenstraße an die Küste	- / 8 km
14	C 710 / 9,5 km	Kreuzung / PM 610 / PM 611	ses Salines / Cap de ses Salines	Abstecher: an der Kreuzung PM 610 / PM 611 nach links Richtung Cap de ses Salines, Botanicactus direkt an der Kreuzung	PM 611 / 9,5 km
13	PM 610 / 5 km	Santanyí	ses Salines	Tankstelle in Santanyí, landschaftlich reizvolle Nebenstraße	PM 610 / 5 km
12	- / 5,5 km	Santanyí	Cala Figuera	Abstecher: wunderschöne Stichstraße zur Cala Figuera	- / 5,5 km
11	C 717 / 4,5 km	s'Alqueria Blanca	Santanyí	in s'Alqueria Blanca nach links Richtung Santanyi, gut ausgebaute Straße	C 717 / 4,5 km
10	C 717 / 5,5 km	Portopetro	Santanyí / s'Alqueria Blanca	landschaftlich reizvolle Nebenstraße	C 717 / 5,5 km
9	- / 5 km	Cala d'Or	Portopetro	direkt an der Küste entlang, kleine Nebenstraße, kurvig und hügelig	- / 5 km
8	PM 610 / 6,5 km	Abzweig / PM 610	Santanyí / s'Horta	auf der PM 610 bis s'Horta, dann den Wegweisern links zur Cala d'Or folgen, landschaftlich reizvolle Nebenstraße	PM 610 / 6,5 km
7	- / 12 km	Portocolom	Cala Marsal / PM 610	landschaftlich reizvolle Nebenstraße, kurvig, Touristenverkehr; weiter zur Cala Marçal, zurück zur PM 610	- / 12 km
6	- / 8 km	Cales de Mallorca	Santanyí / Portocolom	vorbei an den Cales bis zur Cala Murada, dann wieder zurück auf die PM 610	- / 8 km
5	- / 2 km	Exotic Park	Cales de Mallorca	an der Abzweigung links ans Meer, kleine Nebenstraße führt durch Hotelanlagen	- / 2 km
4	PM 610 / 12,5 km	Coves del Drac	Santanyí / Exotic Park	landschaftlich reizvolle Nebenstraße, kurvig, mit viel Touristenverkehr	PM 610 / 12,5 km
3	PM 610 / 1 km	Portocristo	Santanyí / Coves del Drac	Tankstelle in Portocristo, interessante Höhlen	PM 610 / 1 km
2	PM 402 / 3,5 km	Coves dels Hams	Portocristo	interessante Höhlen, viel Ausflugsverkehr Reisebusse	PM 402 / 3,5 km
1	PM 402 / 9 km	Manacor	Portocristo	Tankstelle in Manacor, landschaftlich schöne Hauptstraße	PM 402 / 9 km

Bruckmann

Map of the Mallorca region showing towns including Montuïri, Vilafranca de Bonany, Manacor, Porreres, Felanitx, Campos, Santanyí, Colònia de Sant Jordi, Portocristo, Portocolom, and coastal areas.

Map labels:

Montuïri · Vilafranca de Bonany · Manacor · A E · Coves dels Hams · Porto cristo · Coves del Drach · Porreres · Son Massia · Portocristo Novo · Cala Estany · PM610 · Exotic Parque · Cala Magraner · Can Banya · Felanitx · Cales de Mallorca · C714 · Cala Murada · PM512 · Portocolom · Campos · S'Horta · Cala Marçal · Ermita de Sant Blas · s'Alqueria Blanca · Can Sabater · Cala Esmeralda · Cala d'Or · PM604 · von Oktober bis April geschlossen · C717 · Cala d'Or · Salinas de Levante · Santanyí · Portopetro · Botani-cactus · Caló Barca Trencada · PM610 · ses Salines · Cala Llombards · Cala Figuera · Colònia de Sant Jordi · Cala Llombards · PM611 · Cala de sa Comuna · Cap de ses Salines · N · 0 — 5 km · 8

INFORMATION

• Colònia de Sant Jordi
O.I.T.-Büro
C/. Doctor Barraquer, 5
Tel. 971 65 60 73, Fax 971 65 64 47

• Portocristo
O.I.T.-Büro
C/. Gual, 31, A, Tel./Fax 971 82 09 31

UNTERKUNFT

• Colònia de St. Jordi
Villa Piccola, C/. Primavera, 2 (Tel. 971 65 53 93), Apartments für zwei bis vier Personen, ab 14.000 Pts, Pool, nahe Strand es Trenc.

• Portocolom
Hostal Cesar, C/. Llaud, 8
Tel. 971 82 53 02
ab 5.500 Pts, sehr ruhige Lage

ESSEN & TRINKEN

• Manacor
Restaurant ses Arcades
an der Straße nach Artà bei km 49
Tel. 971 55 47 66
Spezialität: Spanferkel und Zickleinbraten

• Felanitx
Cafè des Mercat
C/. Major, 26, Tel. 971 58 00 08
Bodenständig, frisch und günstig

Roadbook 9

Die schönsten Routen auf Mallorca

Gebiet: Nordöstliches Mallorca
Region: Serra de Llevant
Routenverlauf: Artà – Colònia de Sant Pere – Ermita de Betlem – Capdepera – Cala Mesquida – Cala Rajada – Coves d'Artà – Cala Bona – Cala Millor – Artà

Nr.	Straße km	Position	Richtung	Information		km
13	- / 0,3 km	Artà	ses Païsses	schmaler, befestigter Feldweg, kleiner Parkplatz	✶	- / 0,3 km
12	C 715 / 21 km	Sant Llorenç des Cardassar	Artà	schnelle Hauptstraße, viel Verkehr von Manacor, Lkw und Reisebusse		C 715 / 21 km
11	PM 403 / 7 km	Son Servera	San Lorenzo	bequeme Nebenstraße mit viel Verkehr		PM 403 / 7 km
10	- / 3,5 km	Son Servera	Cala Millor / Cala Bona	Abstecher: zu den Stränden der Calas Millor und Bona	✶	- / 3,5 km
9	PM 404 / 7 km	Abzweig / Coves d'Artà	Son Severa	landschaftlich schöne Nebenstraße	✶	PM 404 / 7 km
8	- / 6 km	Abzweig / Coves d'Artà	Coves d'Artà	Abstecher: kleine, aber gut ausgebaute Nebenstraße, Parkplatz	✶	- / 6 km
7	PM 404 / 4 km	Capdepera	Manacor / son Servera	schöne Nebenstraße Richtung Manacor / Son Servera		PM 404 / 4 km
6	- / 6 km	Cala Mesquida	Capdepera	Abstecher: sehr schlechte kleine Straße mit vielen Schlaglöchern	✶	- / 6 km
5	- / 0,5 km	Capdepera	Abzweig / Cala Mesquida	vor Capdepera nach links der Beschilderung folgen	✶	- / 0,5 km
4	C 715 / 7,5 km	Artà	Capdepera	von Artà östlich nach Capdepera auf der C 715, weiter nach Cala Rajada und zum Cap de Capdepera	✶	C 715 / 7,5 km
3	- / 9,5 km	Artà	Ermita de Betlem	Abstecher: den Hinweisschildern folgen	✶	- / 9,5 km
2	- / 5 km	Colònia de Sant Pere		Abstecher: rechts in eine kleine reizvolle Nebenstraße	✶	- / 5 km
1	C 712 / 7,5 km	Artà	Can Picafort / Alcúdia	Tankstelle in Artà; Abzweig C 712 / Colònia de Sant Pere	✶	C 712 / 7,5 km

INFORMATION

• **Cala Rajada**
O.I.T.-Büro, Plaça dels Pins
Tel. 971 56 30 33, Fax 971 56 52 56

• **Cala Millor**
O.I.T.-Büro
Parc de la Mar, 2
Tel. 971 58 54 09, Fax 971 58 57 16

UNTERKUNFT

• **Artà**
Hotel s´Abeurador
unterhalb des Stadtberges, Tel. 971 83 52 30

• **Cala Rajada**
Hotel ses Rotges
C/. Rafael Blanes, 21, Tel. 971 56 31 08

Bruckmann

ESSEN & TRINKEN

• Artà
Finca es Serral
Zufahrt von der Straße nach Cala Rajada nach der Tankstelle Richtung Cala Torta, Richtung »Depuradora«
Tel. 971 83 53 36
Mallorquinische Küche am Bauernhof

• Capdepera
Restaurant s´Era de Pula
an der Straße Son Servera – Capdepera bei km 3
Tel. 971 56 79 40
Küche und Kunst am Golfplatz

MOTORRADFAHREN

Die meist flachen Straßen sind gut ausgebaut und bieten auch dem Anfänger viel Spaß beim Motorradfahren mit Leihmotorrädern.

SEHENSWÜRDIGKEITEN

• Artà
Der Stadtberg von Artà mit dem Santuari de Sant Salvador

• Capdepera
Die Festungsanlagen über dem Dorf

Roadbook 10
Die schönsten Routen auf Mallorca

Gebiet: Westliches Mallorca
Region: Badia de Palma
Routenverlauf: Palma – Castell de Bellver – Cala Major – Palma Nova – Magaluf – Portals Vells – Santa Ponça – Peguera – Sant Elm – Andratx – Calvià – Palma

Nr.	Straße km	Position	Richtung	Information	
14	PM 1 6,5 km	Palma Nova PM 1	Palma	Autobahn nach Palma, Tankstellen in Palma	PM 1 6,5 km
13	– 6 km	Calvià	Palma Nova / PM 1	kleine, kurvige Nebenstraße zur Autobahn nach Palma PM 1	– 6 km
12	– 4 km	Capdellà	Calvià	sehr schöne Bergstrecke	– 4 km
11	– 9,5 km	Andratx	Capdellà	abenteuerliche kleine Bergstraße, steil und kurvig, aber mit hohem Spaßfaktor und landschaftlich sehr schön	– 9,5 km
10	C 719 8 km	Andratx	Sant Elm	Abstecher: kurvige Nebenstraße, teils mit Serpentinen und bergig, sehr schöne Motorradstrecke, Fähre zur Insel sa Dragonera	C 719 8 km
9	C 719 4,5 km	Andratx	Port d'Andratx	Abstecher: schöne gut ausgebaute Hauptstraße, Tankstelle in Andratx	C 719 4 km
8	C 719 7 km	Peguera	Andratx	von Peguera aus den Richtungspfeilen Andratx folgen	C 719 7 km
7	– 7,5 km	Santa Ponça	Andratx	landschaftlich schöne Hauptstraße, viel Verkehr	– 7,5 km
6	– 5,5 km	Cala Figuera / Portals Vells	A	Abstecher: kurvige, schlecht ausgebaute Straße, schöne Aussichtspunkte	– 5,5 km
5	C 719 5,5 km	Palma Nova / Magaluf	Cala Figuera	Küstenstraße C 719, viel Verkehr und Touristen; Nemo U-Boot, Aquapark, Kartstrecke (unbedingt Wegweisung Magaluf beachten)	C 719 5,5 km
4	C 719 2,5 km	Portals Nous / Marineland	Palma Nova	Küstenstraße C 719, viel Verkehr und Touristen	C 719 2,5 km
3	C 719 2 km	Port Alt	Magaluf	links ab zum Meer nach Port Alt	C 719 2 km
2	C 719 3,5 km	Cala Major	Magaluf	Küstenstraße C 710, viel Verkehr und Touristen	C 719 3,5 km
1	PM 1 0,3 km	Palma / Castell de Bellver	Cala Major	vierspurige Schnellstraße bis Abzweig Cala Major, dann nach links	PM 1 0,3 km

INFORMATION

• **Palma**
O.I.T.-Büro Plaça de la Reina 2,
Tel. 971 71 22 16, Fax 971 72 02 51

O.I.T.-Büro Plaça d'Espanya, Tel. 971 71 15 27

• **Santa Ponça**
O.I.T.-Büro
C/. Puig de Galatzó, s/n
Tel. 971 69 17 12, Fax 971 69 41 37

• **Peguera**
O.I.T.-Büro, C/. Sebel.lí, s/n
Tel. 971 68 70 83, Fax 971 68 54 68

Bruckmann

UNTERKUNFT

• **Peguera**
Palmira Beach
C/. José Maria Peman, 15–17
Tel. 971 68 72 47)
Unter deutscher Leitung

• **Sant Elm**
Hotel Aquamarin
Platja de Sant Elm, Tel. 971 23 91 05

• **Palma**
Hotel Born
C/. Sant Jaume, 3, Tel. 971 71 29 42

ESSEN & TRINKEN

• **Palma**
Celler Sa Premsa
Plaça Berenguer i Palau, 8
Tel. 971 72 35 29
Preiswerte mallorquinische Küche

Dalt Murada
C/. Sant Roc, 1 (hinter dem Palau Reial)
Tel. 971 71 44 64
Preiswertes Mittagsmenü

• **Peguera**
La Gran Tortuga
Cala Fornells
Tel. 971 68 60 23

MOTORRADFAHREN

In Andratx sollte man nochmal volltanken, da auf der Strecke die Tankstellen rar sind.

SEHENS-WÜRDIGKEITEN

• **Palma**
Zahlreiche Sehenswürdigkeiten in der historischen Altstadt von Palma, z.B. die großartige gotische Kathedrale La Seu (Öffnungszeiten: Mo–Fr 10–18 Uhr, im Winter bis 15 Uhr, Sa 10–14 Uhr), der Almudaina-Palast, die einstige Seehandelsbörse La Lotja, die Reste der »Arabischen Bäder« und das Kloster Sant Francesc (gotischer Kreuzgang), mehrere Museen und die Patios (Innenhöfe) der Stadtpaläste. Palma bietet das ganze Jahr über ein buntes Kulturprogramm.

Castell de Bellver
Hoch über dem Hafen, Zufahrt von El Terreno
Öffnungszeiten: Mo–Sa 8–18 Uhr, Juli/August bis 20 Uhr, So 10–19 Uhr, Juli/August 10–14 und 16–21 Uhr.

• **Portals Nous**
Marineland
An der Zufahrt zum Hafen
Öffnungszeiten: täglich ab 9.30 Uhr

Nr.	Straße km	Position	Richtung	Information	
18					
17					
16					
15					
14					
13					
12					
11					
10					
9					
8					
7					
6					
5					
4					
3					
2					
1					

Bruckmann

Nr.	Straße km	Position	Richtung	Information	
18					
17					
16					
15					
14					
13					
12					
11					
10					
9					
8					
7					
6					
5					
4					
3					
2					
1					

Bruckmann